Estilos de liderança e vida consagrada

COLEÇÃO
—LIDERANÇA—
E VIDA CONSAGRADA

Autores:

GIAN FRANCO POLI é presbítero da diocese de Albano Laziale, teólogo, filósofo e psicoterapeuta. Professor de Teologia Dogmática no Ateneu Pontifício Regina Apostolorum e na Pontifícia Universidade da Santa Cruz (ISSR, em Apollinare). Leciona Teologia no Instituto de Teologia da Vida Consagrada Claretianum, da Pontifícia Universidade Lateranense. É formador para a dinâmica da vida consagrada e presbiteral. Dirige a revista *La Lode*, da Casa Editora Cassiopea (Pisa).

GIUSEPPE CREA é missionário comboniano, psicólogo e psicoterapeuta. Professor convidado na Pontifícia Universidade Salesiana para as cátedras de Psicologia da Personalidade e Técnicas dos Testes, bem como de Psicologia Transcultural no Instituto de Teologia da Vida Consagrada Claretianum, da Pontifícia Universidade Lateranense.

VINCENZO COMODO é leigo, doutor em Sociologia e em Ciências da Comunicação. Professor de Internet e Vida Consagrada no Instituto de Teologia da Vida Consagrada Claretianum, da Pontifícia Universidade Lateranense. Conduz atividades de pesquisa no campo da comunicação.

Títulos:

✓ *Estilos de liderança e vida consagrada*

✓ *Guia eficaz para reuniões de comunidades*

✓ *Liderança e bem-estar interpessoal nas comunidades religiosas*

✓ *Liderança e comunicação na vida consagrada*

✓ *O desafio da organização nas comunidades religiosas*

Estilos de liderança e vida consagrada

Gian Franco Poli
Giuseppe Crea
Vincenzo Comodo

Dados Internacionais de Catalogação na Publicação (CIP)
(Câmara Brasileira do Livro, SP, Brasil)

Poli, Gian Franco
    Estilos de liderança e vida consagrada / Gian Franco Poli,
Giuseppe Crea, Vincenzo Comodo ; [tradução Paulo F. Valério]. —
São Paulo : Paulinas, 2009. — (Coleção liderança e vida consagrada)

    Título original: Stili di leadership e vita consacrata.
    Bibliografia.
    ISBN 978-85-356-2496-0

    1. Comunicação - Aspectos religiosos 2. Comunidades
religiosas 3. Liderança - Aspectos religiosos 4. Liderança
comunitária 5. Liderança cristã I. Crea, Giuseppe. II. Comodo,
Vincenzo. III. Título. IV. Série.

09-07474   CDD-248.894

Índices para catálogo sistemático:

1. Comunidades religiosas : Liderança : Cristianismo   248.894
2. Liderança : Comunidades religiosas : Cristianismo   248.894

Título original da obra: *Stili di leadership e vita consacrata*
© 2004 Libreria Editrice Rogate, Roma.

Este livro segue a nova ortografia da Língua Portuguesa

Direção-geral: *Flávia Reginatto*
Editora responsável: *Vera Ivanise Bombonatto*
Tradução: *Paulo F. Valério*
Copidesque: *Cirano Dias Pelin*
Coordenação de revisão: *Marina Mendonça*
Revisão: *Leonilda Menossi e Ruth Mitzuie Kluska*
Direção de arte: *Irma Cipriani*
Gerente de produção: *Felício Calegaro Neto*
Projeto gráfico: *Wilson Teodoro Garcia*
Capa e diagramação: *Telma Custódio*
Foto de capa: *Sergia Ballini*

Nenhuma parte desta obra poderá ser reproduzida ou transmitida
por qualquer forma e/ou quaisquer meios (eletrônico ou mecânico,
incluindo fotocópia e gravação) ou arquivada em qualquer sistema ou
banco de dados sem permissão escrita da Editora. Direitos reservados.

Paulinas

Rua Dona Inácia Uchoa, 62
04110-020 – São Paulo – SP (Brasil)
Tel.: (11) 2125-3549 – Fax: (11) 2125-3548
http://www.paulinas.org.br – editora@paulinas.com.br
Telemarketing e SAC: 0800-7010081

© Pia Sociedade Filhas de São Paulo – São Paulo, 2009

Sumário

INTRODUÇÃO 7

1
NAS PEGADAS DOS LÍDERES BÍBLICOS

Gian Franco Poli

Os objetivos da liderança: caminhar e fazer caminhar 14

Aceitar o caminho como experiência de fé (Abraão)............... 16

Um povo a ser formado com poucos recursos 16

A tarefa é pesada, mas Deus está presente........................ 19

O conflito entre fé e realidade 23

Tornar-se um guia para o Povo de Deus (Moisés).................. 29

A missão de uma personagem que se tornou inútil........... 31

Ocupar-se com Deus e com seus projetos........................ 34

Criar as condições para ser um povo sacerdotal 36

O estilo da liderança: preparar e arriscar 38

Desaparecendo, preparar a vinda de Cristo (João Batista)....... 39

Motivar novamente a vida 41

A serviço do Reino de Deus....................................... 43

Arriscar = renascer do alto (Nicodemos) 44

Arriscar "tudo" 45

Renascer em Cristo.. 48

2
ASPECTOS PSICOLÓGICOS DA LIDERANÇA AUTORIZADA E AFÁVEL

Giuseppe Crea

Modelos e estilos interpretativos da liderança 52

Os traços de personalidade e as características do líder 53

Variáveis de personalidade 54

Variáveis afetivas 57

Estilos de liderança 59

Liderança e poder 63

Concepção situacional do serviço da autoridade 64

A abordagem interagente para uma liderança eficaz 66

A validade da liderança contingente 67

Para uma abordagem integral da compreensão
da liderança 71

Características de um guia autorizado, que mostra
a direção 73

A dimensão afetiva e afável da liderança 76

Conclusão 78

3
LIDERANÇA E CULTURA DA TRANSFORMAÇÃO

Vincenzo Comodo

O líder e o tempo 86

O caráter transitório da liderança 90

Cultura dominante e cultura da organização 96

O líder e o espaço 100

Liderança universal 102

Flashes ultramodernos 105

BIBLIOGRAFIA 111

Introdução

Na modernidade tardia está fora de discussão quão enormemente difícil é dirigir uma organização. De qualquer natureza. Em qualquer campo.

Defender esta tese está longe de ser tarefa árdua. Contudo, admite-se, de saída, que entre os objetivos desta apresentação não se inclui proceder a sua discussão "exaustiva". No entanto, em nossa opinião, delinear um pano de fundo analítico sobre o qual discuti-la mais profundamente, em outras ocasiões mais "precisas", não constituiria uma grave infração metodológica. Por isso, na consciência de não querer presunçosa e amadoristicamente esgotar tal demonstração, seria pelo menos indicativo aduzir algumas provas de natureza socioantropológicas – tais como, sintomaticamente, o fluxo e a influência das sempre mais frequentes e sugestivas novidades existenciais, de produção prevalentemente industrial, sobre a existência do homem contemporâneo – ou, ainda, o crescimento do número e da identidade das mesmas organizações –, a fim de esboçar este quadro argumentativo.

Evidenciada a variedade das *missões* das inúmeras organizações, é bem mais fácil descobrir a diversidade dos valores de fundação e das respectivas "razões sociais". Assim como é especialmente significativo e sintomático observar criticamente a presença e a atividade das próprias organizações neste cenário sempre mais global e sempre mais intercultural, nesta realidade aparentemente democrática e hospitaleira, mas substancialmente autocrática e conflituosa, neste panorama social tendenciosamente disputante e competitivo.

À luz de semelhantes tensões e de tais propensões, revela-se praticamente fundamental tomar consciência do grau de complexidade do tempo atual. Bem como se torna consequentemente vital assumir uma conduta organizativa "definida" em função dessas dinâmicas *em andamento*. Portanto, eis que ter como líder um guia consciente de tal realidade, um timoneiro inteligentemente propenso ao refinamento e ao enriquecimento dos próprios meios cognitivos e dos próprios conhecimentos de condução organizativa, é praticamente obrigatório, de modo a evitar que a organização seja levada pelas vias fatais do anacronismo.

Esta é uma condição absolutamente decisiva, que se impõe em toda expressão organizacional. E, de modo particular, nas expressões da vida consagrada, instituídas sobre a base dos valores cristãos, de forma alguma materiais e efêmeros.

De modo específico, ligando tal situação e tais emergências às congregações e aos institutos religiosos, não se pode negligenciar como é "viva" a urgência de exercitar uma liderança eficaz, através da qual alcançar o sucesso da organização em um momento histórico altamente belicoso como o atual.

Ao longo destas páginas, portanto, desenvolver-se-ão as temáticas dos modelos e dos estilos de liderança em relação à vida consagrada, observando-os a partir de uma perspectiva pluridisciplinar (teológica, psicológica, sociocomunicativa), a fim de oferecer – mediante as três contribuições diversas de Gian Franco Poli, *Nas pegadas dos líderes bíblicos*, de Giuseppe Crea, *Aspectos psicológicos da liderança autorizada e afável*, e de Vincenzo Comodo, *Liderança e cultura da transformação* – uma leitura de conjunto acerca das questões, de modo a oferecer sugestões e orientações para uma interpretação atualizada do papel do líder.

No primeiro capítulo, colocar-se-ão em relevo "sugestões" fecundas acerca da condução, tiradas da experiência de guia de Abraão e Moisés, sintetizáveis na fórmula do *caminhar e fazer caminhar*. Serão apresentados, a seguir, dois estilos de liderança: o de João Batista e o de Nicodemos, centrados na necessidade do *preparar* e do *arriscar*.

Em contrapartida, no segundo serão analisados analiticamente estilos de liderança mais recentes e menos bíblicos, particularmente paradigmáticos, acentuando-se o quanto é determinante a aquisição de novas competências humanas e psicológicas no ato de oferecer o serviço da autoridade em uma época convulsiva como é a moderna.

No terceiro e conclusivo capítulo, a pós-modernidade constitui a ocasião para enquadrar criticamente o conceito de liderança em relação às dimensões espaciotemporais. A este respeito, dar-se-á ênfase à transitoriedade da própria liderança e sua "dependência" do contexto na qual é exercitada, salientando-se, por fim, a importância de abrir-se a uma cultura edificante da mudança, sobretudo por parte das organizações de religiosos.

A partir da observação conclusiva dessas três reflexões, não tardará a ficar evidente, ademais, quão fundamental é prestar atenção particular ao processo de "transformação", qual motor propulsor para uma gestão renovada das múltiplas atividades que os consagrados têm em suas interações com o mundo moderno. Assim, notar-se-á o elo entre as novas exigências *emergentes* na vida consagrada e no estilo de liderança que esteja verdadeiramente atento aos desafios provenientes do ambiente comunitário e incisivamente propositivo para uma maneira edificante de viver a vida consagrada hoje.

1

Nas pegadas dos líderes bíblicos

Gian Franco Poli

Que o título "Nas pegadas dos líderes bíblicos" não pareça ambicioso nem forçado: quer apenas introduzir a uma releitura da experiência direta de Abraão,[1] de Moisés,[2] de João Batista[3] e

---

[1] Genealogia de Abraão a partir de Sem: Gn 11,10-32. História de Abraão: Gn 12,1–25,11. Vocação: Gn 12,1-3. Obediência na fé: Gn 12,4-9. Viagem para o Egito com Sara: Gn 12,10-20. Relacionamento com Ló: Gn 13,1-13. Segunda promessa divina a Abraão: Gn 13,14-17. Aliança de Deus com Abraão: Gn 14,17-20; 15. Nascimento de Ismael: Gn 16; Abrão torna-se Abraão: Gn 17,5. Promessa do país de Canaã: Gn 17,8. Nascimento de Isaac: Gn 21,1-7. Sacrifício de Isaac: Gn 22,1-19. Morte e sepultura de Abraão: Gn 25,7-11.

[2] História de Moisés: Ex 2,1-2; 3-10, 11-15; 16-22; 6,16-26; 11,3; 18; Nm 11,26-30; 12; 12,3. Vocação de Moisés: Ex 3,1-6; 3,7–4,18; 3,11-18; 4,24-26; 6,2-13. Saída do Egito: Ex 14,21-31; 15. No deserto e ao Sul do Sinai: Ex 15,22-27; 32,7-29; 34,28; Lv 8,1-30; 10,1-5; 10,16-20; 24, 10-16; Nm 1; 9; 11,24-25; 13,1-26; 16; 20,14-21; 20,27-29; 21,21-35; 25; 25,16-18; 26; 32; 36; Dt 1,1-3; 1,37; 9,9-21; 10,1-5; 32; 33. Morte e sucessão de Moisés: Nm 27,12-14; 27,16-23; Dt 3,23-29; 4,21-22; 31,1-8; 31,24-29; 32,45-47; 32,48-52; 34,8.

[3] Origens: Mt 3,1; Lc 1,13; 1,57-80; 1,60; 1,63. Profeta: Mt 3,4; 11,11-12; 11,13; 26. Lc 7,24-35. Jo 1,19; 5,33-35; 10,40-42. Vida ascética do Batista: Mt 11,18; 21,32. O batizante: Mt 21,25; Lc 7,29; Jo 3,23-24; At 1,5; 1,22; 10,37; 11,16; 13,24; 18,25; 19,3-4. Os discípulos de João: Mc 2,18; Lc 11,1; Jo 1,40; 3,25. João e Herodes: Mt 4,12; Mc 6,20; Lc 3,19-20; Jo 3,24. Morte de João: Mt 14,1-12; 14,2. Jesus e o Batista: Mt 3,13-17; 11,7-15; Lc 3,15; 7,18-20; 7,24-35; Jo 1,7-8; 1,15; 3,28; 3,29; 4,1; 5,33-36.

de Nicodemos,[4] no interior das vicissitudes que Deus dispôs para cada um deles.

São personagens que responderam a um chamado divino preciso, depois do qual começaram um caminho de formação original, em total disponibilidade para o plano salvífico. Deus os investiu de uma grande responsabilidade, fazendo-os guias de seu povo.

Neles impressionam a dedicação a Deus e ao povo, a paixão comum pela vida humana, a fé grande, a coragem e a capacidade de aceitar uma aposta maior do que eles.

As aventuras terrenas de Abraão, de Moisés, de João Batista e de Nicodemos têm muito a dizer aos líderes de hoje, aos superiores e a quantos detêm a responsabilidade de guia da comunidade cristã e da vida consagrada.[5] Movemo-nos nesta direção a fim de revisitar os dados escriturísticos e formular algumas possíveis aplicações para a liderança hoje, entre *objetivos* e *estilos*.

Os *objetivos* e os *estilos* que os líderes bíblicos encarnaram, respondendo ao chamado de Deus, confirmam como é decisivo, hoje, ter a mesma disponibilidade e determinação no gerir o papel de líder. Como eles, o superior deve saber enfrentar a navegação, confiando no auxílio divino, tendo o maior cuidado pela vida consagrada.[6]

---

[4] Cf. Jo 3,1; 3,1-21; 7,50; 19,39s.

[5] Para Abraão, cf. *Partir de Cristo*, n. 16. Para Moisés, cf. *Vita consecrata*, nn. 15, 22, 39.

[6] O documento *A vida fraterna em comunidade*, enfrentando o tema da animação, evidencia uma das dificuldades com que frequentemente os superiores se deparam: a presença, em comunidade, de pessoas "marcadas por formação diferente e por diversas visões apostólicas", que dão, portanto, respostas diferentes aos problemas a serem enfrentados. Por essa razão, "torna-se sempre mais importante o papel unificante dos responsáveis de comunidades (n. 43). No n. 50a, o documento apresenta a autoridade

Tal como antigamente, também hoje o vocacionado deve ter a convicção de ter sido convidado a sair continuamente de si, a aceitar a itinerância exodal, a promover uma cultura do caminhar e do fazer caminhar. A vida plena é movimento. A imobilidade, quando não é morte, pode ser, no máximo, uma vida diminuída: Deus é vida, e chama todos os crentes a entrar nesta lógica de movimento.

Se consideramos atentamente a aventura de Abraão e de Moisés, percebemos que seus *objetivos* podem ser sintetizados na expressão "caminhar e fazer caminhar", objetivos bem atuais para o hoje, a ponto de constituírem um verdadeiro desafio para os nossos tempos.

Por outro lado, os *estilos* que a Escritura nos oferece na experiência de João Batista e de Nicodemos enviam-nos imediatamente a outros dois aspectos que um líder deve encarnar: "preparar e arriscar". Com efeito, João Batista investiu tudo neste papel, preparando-se com uma existência de dedicação total aos interesses divinos, tornando-se verdadeiramente a "voz do que grita no deserto" (Mt 3,3). Nicodemos, ao contrário, foi questionado pelo próprio Jesus, diante da ostentação de uma segurança e competência indiscutíveis, tornando-se, assim, o exemplo de líder que deve aceitar recomeçar, apesar da experiência e da competência.

---

como "serva dos servos de Deus", com a tarefa primordial de construir, juntamente com os irmãos e as irmãs, "comunidades fraternas nas quais se busque e se ame a Deus antes de tudo". A animação deve, ademais, prover a que "as pessoas se sintam inseridas na vida do instituto, participantes de sua missão, envolvidas em seu dinamismo apostólico, aliviadas na solidão, encorajadas no sofrimento" (n. 68). Na instrução *Partir de Cristo*, diz-se, a este respeito, que a tarefa dos superiores é a de "ajudar as pessoas que lhe foram confiadas no sentido de uma fidelidade sempre renovada ao chamado do Espírito" (n. 14).

Os objetivos da liderança: caminhar e fazer caminhar

Caminhar[7]e *fazer caminhar*[8] são objetivos contemplados pela Escritura. Nesta linha, queremos ler alguns acontecimentos relacionados com Abraão e com Moisés, extraindo de sua experiência as possíveis aplicações para os líderes de hoje.

Esses dois objetivos constituem um ponto firme no projeto divino e são, para o hoje, uma etapa a ser percorrida por uma liderança que reúna o enriquecimento profissional e a maior motivação do próprio papel; a afirmação dos interesses superiores da organização em relação aos da base; a interdependência dos projetos e dos recursos; maior competitividade e melhores possibilidades de reação às condições ambientais mutáveis; maior capacidade de gestão de situações comunitárias complexas e de resposta a exigências prementes.

Nesses ambientes, Abraão e Moisés têm muito a ensinar, sobretudo a respeito de como geriram seu papel, equilibrando e conciliando as exigências do Alto com as do povo. Tal operação não foi fácil e jamais o será, mas a abordagem resulta efetiva-

---

[7] A Escritura utiliza diversas expressões para exprimir este conceito: andar: 2Rs 18,25; 2Cr 18,21; Is 6,9; Am 7,15; Is 48,17; Mt 28,19; Mc 16,15. Avançar: Ex 20,21; Sl 82,5; Rm 13,12. Marchar: Is 45,2; Jr 49,14. Percorrer: Gn 13,3; 35,3; 42,34; Dt 8,2; Js 24,3; 2Sm 24,8; Sb 5,7; Is 30,21; Jr 5,1; Ez 9,4; Zc 1,11; Mt 4,23. Prosseguir: Ex 5,21; 1Rs 2,5; Pr 14,2; Is 59,8; Br 5,7. Descer: Ex 32,7; Dt 9,12; Jz 1,34; 2Rs 2,5; Sl 38,3; 72,6; 104,8; 133,2; Gn 1,3; Mt 8,1. Sair: 1Sm 14,11; 2Sm 5,24; Sl 68,8; Jr 16,15; Ez 20,34; 20,38; Dn 13,13. Relacionado com o verbo caminhar: 2Rs 2,23; Mt 4,18; Lc 13,22.

[8] É Deus quem caminha com o povo: Ex 33,14s; 34,9; Lv 26,12; Dt 20,4; 1Cr 17,6; Is 52,12. Deus faz caminhar: Os 11,3; Hab 3,13; Mt 9,5; Lc 7,22; Jo 5,8; At 3,6. Caminhar na presença de Deus: Gn 5,22; 6,9; 24,40; 48,15; Dt 5,33; 8,6; 10,12; 11,22; 26,17; 28,9; 30,16; Js 22,5; 1Sm 2,35; 1Rs 3,6; Sl 56,14; 81,14; 116,9; 128,1; Is 42,24; Jr 7,23; Br 3,13; Os 14,10; Mq 4,2; 4,5;6,8; Zc 3,7; Ml 2,6; 3,14; Lc 1,17; Rm 8,4s; Gl 5,6.

mente útil para restituir o equilíbrio e o vigor aos esforços dos líderes de hoje, para uma organização que esteja sempre disposta a direcionar para os objetivos específicos os recursos necessários, provenientes de todos os seus componentes.

A aplicabilidade desses dois objetivos para o hoje das comunidades religiosas comporta que todo superior tenha a consciência de dever desenvolver a própria tarefa à luz da realidade objetiva; que toda comunidade tenha a equipe necessária para a consecução do objetivo; que haja na equipe a necessária variedade de competências; que todos os membros informem diretamente ao líder; que seja clara a cada um dos membros a própria tarefa e não haja dúvidas acerca das responsabilidades da equipe em relação ao resto da organização.

Caminhar e *fazer caminhar* quer dizer levar em conta as modalidades de gestão da comunidade, diante do tipo de resposta ao cuidado, à acolhida real ou fictícia de uma perspectiva que tem como escopo principal encaminhar os recursos de todos para um projeto. Muitas vezes as incertezas organizacionais condicionam o sucesso do planejamento.

Por exemplo: pode haver deficiências nas relações entre a comunidade e as várias iniciativas, com o surgimento de possíveis conflitos sempre danosos. Ou, então, a condução do projeto pode não estar à altura e falhar em obter o compromisso e a compreensão de todos os membros. Ainda: o superior, devido a um imperfeito conhecimento do projeto e das respectivas exigências, pode errar destinando recursos inadequados ou insuficientes. Outras dificuldades ao bom êxito do projeto podem provir do mau uso das técnicas de administração ou de uma alergia a essas inovações. Por fim, um projeto, posto que brilhantemente gerido, fracassará miseravelmente se não dispuser de recursos suficientes.

Aceitar o caminho como experiência de fé (Abraão)

Na tradição bíblica, a figura de Abraão é apresentada como modelo de fé para todos os crentes.[9] Sua experiência espiritual delineia-se como experiência da relação com o transcendente e invisível, sob o emblema de uma exigência radical de obediência na fé.[10]

Abraão não é apenas uma figura singular, mas também um "tipo".[11] Representa Israel que busca a Deus; é o homem que procura a Deus, é uma multidão. Conforme escreve Martini, Abraão "são todos aqueles que buscam a Deus, é cada um de nós a caminho, em busca de Deus, a fim de adequar-se à sua palavra".[12]

Um povo a ser formado com poucos recursos

O Livro do Gênesis, no capítulo 12, começa com a bem conhecida ordem dada a Abraão pelo Senhor, o que dá início à história da salvação em resposta à difusão do mal no mundo.[13] Deus pede a Abraão que parta rumo a uma terra desconhecida, na qual ele realizará sua promessa impossível: fazer daquele homem uma grande nação, abençoá-lo e torná-lo uma bênção para todos.

---

[9] As fontes principais: Gn 12–25, Rm 4, Gl 3, Hb 11. No Antigo Testamento, o nome de Abraão é citado na forma Abrão 60 vezes e 174 na forma Abraão, portanto 234 vezes, que, com as 72 do Novo Testamento, tornam-se 306. São importantes as referências nos dois cânticos: *Magnificat*, "como havia prometido a nossos pais, a Abraão e à sua descendência para sempre" (Lc 1,55); e *Benedictus*: "Do juramento feito a Abraão, nosso pai" (Lc 1,73). Outra passagem importante é Jo 8,58: "Antes que Abraão fosse, eu sou".

[10] Cf. COSTACURTA, B. *Abramo*. Vibo Valentia: Qualecultura, 2001. p. 11.

[11] MARTINI, C. M. *Abramo nostro padre nella fede*. Roma: Borla, 2000. p. 18.

[12] Ibid.

[13] Cf. VIRGULIN, S. La sequela di Abramo. In: VV. AA. *Seguimi!* Bologna: EDB, 1980. pp. 7-24. (Col. Parola, Spirito e Vita, n. 2.)

É Deus quem toma a iniciativa, quem instaura um diálogo, quem começa uma nova história de salvação, tal como havia dado início à criação (cf. Gn 1,3), realizando um gesto gratuito, no momento privado de motivação. A resposta positiva deixa emergir, antes de mais nada, a confiança: Abraão confia em Deus.

Deus não usa de meias medidas com Abraão quando lhe impõe: "Sai de tua terra" (Gn 12,1),[14] colocando imediatamente à prova sua capacidade de abrir-se a novas experiências, de olhar para o futuro sem as referências consolidadas, mas com uma única motivação: "caminhar, caminhar".

Abraão aceita sem hesitação a proposta de quem exige verdadeiramente "tudo": você não pode dizer sim, incontinenti, a quem exige "tudo", se não tiver confiança nele e se não o sentir parte de você mesmo. O patriarca tem diante de si um caminho misterioso "...vai para a terra que eu vou te mostrar": não é o nada, mas a razão descobre aí algo absurdo.[15]

Quando Deus intervém na vida do ser humano, realidade e aparência não coincidem mais, e o crente é chamado a discernir

---

[14] Algumas redações utilizam a expressão mais forte: "Sai de tua terra, do meio de teus parentes, da casa de teu pai, ..." (Gn 12,1). "Na sociedade tribal, o abandono do ambiente e da família, rumo a um destino desconhecido, é algo inaudito e irracional. A separação das próprias seguranças é descrita de modo eficaz, com rupturas sempre mais difíceis: país/terra, parentes/ amigos, família. Ainda que outros partam do próprio ambiente, como o profeta Amós, tirado "de detrás do rebanho" e transplantado do extremo sul para o norte da Samaria (Am 7,10-17), ou como os discípulos de Jesus e Paulo, a saída de Abraão permanece única, seja porque não corroborada por exemplos precedentes, seja porque excepcionalmente exigente" (VIRGULIN, La sequela di Abramo, pp. 20-21).

[15] Cf. MARCONCINI, B. La fede nell'Antigo Testamento. In: PANIMOLE, S (org.). *La fede nella Bibbia 21*. Roma: Borla, 1998. p. 21. Acerca deste tema, escreveu Martini: "Muitas vezes se insiste nas palavras: abandona, deixa, parte; mas este não é o *kerigma*, é somente a condição; o *kerigma*, o anúncio para Abraão é: "abençoar-te-ei...". É algo grandioso, maravilhoso para Abraão" (COSTACURTA, *Abramo*, pp. 61-62).

e a reler os acontecimentos com os olhos da fé, capazes de ver o invisível.[16]

O texto bíblico nos recorda que Abraão se foi e entrou no mundo para cumprir uma missão que dizia respeito não somente a ele e à sua família, mas também a todos os seres humanos. Dizem-no claramente as palavras que Deus lhe dirige: "Farei de ti uma grande nação e te abençoarei, engrandecerei o teu nome, de modo que ele se torne uma bênção" (Gn 12,2).

Abraão é chamado a dar corpo a esta "bênção", a ser "bênção": "Por isso, não pode trabalhar sozinho, mas através do povo que se formaria ao seu redor. Deve tornar-se pai de um povo".[17] Os custos de tal "bênção" não se encontram na lógica do mundo, mas na de Deus. Com efeito:

> Abraão é chamado a tornar-se estrangeiro, a estabelecer-se em uma terra que não conhece e que jamais poderá ser sua pátria natal, a viver como um emigrante, sem mais raízes e sem mais direitos [...]. Encontra-se em uma situação de pobreza e de nudez radical, porque entra em uma dimensão de precariedade, na qual não poderá jamais ser como os demais, que são nativos do lugar, e não poderá jamais ter os mesmos direitos que eles. Abraão, portanto, recebe a promessa de uma terra, tornando-se estrangeiro para sempre [...], vivendo como emigrante. Definitivamente, ele acolhe a promessa de bênção para si e para os outros, aceitando uma aparente maldição.[18]

Nenhuma experiência terrena nasce sob escudo do "tudo certo"; tampouco a fé é um talismã contra os riscos da vida. O ser humano é convidado a confiar no poder de Deus, por mais incompreensíveis que sejam seus caminhos.

---

[16] Cf. COSTACURTA, *Abramo*, p. 14.

[17] MESTERS, C. *Abramo e Sara*. Assisi (PG): Cittadella, 1984. p. 46. [Ed. bras.: *Abraão e Sara*. Petrópolis: Vozes, 1978.]

[18] COSTACURTA, *Abramo*, p. 16.

Abraão, somente pela fé, pôde viver o que parecia contraditório, "continuando a confiar em Deus, a 'falar bem' (bem-dizer) dele, levando, assim, a bênção até mesmo dentro da maldição, até modificá-la radicalmente e transformar os elementos de morte em promessa de vida".[19]

A tarefa é pesada, mas Deus está presente

À confiança segue-se, na história de Abraão, como necessária consequência, a obediência concretizada em uma viagem ("e Abraão partiu"), em um ato de culto ("construiu um altar"), em uma oração ("invocou o Senhor").[20]

Portanto, Abraão sente-se tranquilo, pois Deus é quem cuidará de defendê-lo de todo perigo. Obedece, parte, tem nova visão do futuro, invoca Deus, tudo é maravilhoso. Esta segurança, porém, é abalada: no Egito (Gn 12,10), ele se encontra sozinho, entregue a si mesmo, às próprias dificuldades, aos próprios problemas. Busca, portanto, reagir como pode.[21] O Abraão forte e seguro é substituído pelo Abraão temeroso. Qual é o motivo desse medo? Certamente, a grandeza da missão a ser executada e o temor de não conseguir levá-la a bom termo. De qualquer maneira, prevalece em tudo o instinto de defesa, até a decisão de dar a própria mulher a outro (Gn 12,13ss). Certamente, não havia outras soluções: foi inevitável aceitar a ambiguidade.[22]

---

[19] Ibid.

[20] Também, na falta de uma terminologia explícita, a interpretação deste capítulo em dimensão de fé é firme e corroborada pela citação neotestamentária: "Pela fé, ao ser chamado, Abraão obedeceu à ordem de partir para uma terra que devia receber como herança" (Hb 11,8).

[21] Cf. MARTINI, *Abramo nostro padre nella fede*, p. 46.

[22] As revelações de Martini são interessantes: "Não é que o fizesse de bom grado. Por certo encontrava-se em um círculo do qual não podia sair: se conservasse a mulher, expunha a si mesmo em perigo; se a entregasse, havia

Mas Deus tem misericórdia do pobre Abraão e, nesta sua ambiguidade, "não é acusado de velhacaria, de falta de confiança na promessa, de aberração moral, mas é recolocado em ordem com paciência, com paz".[23]

Abraão também se sente frustrado pela ausência de descendência (Gn 15,3) para a terra: "Senhor DEUS, como poderei saber que eu vou possuí-la?" (Gn 15,8). A resposta de Deus é precisa: "Olha para o céu e conta as estrelas, se fores capaz!". E acrescentou: "Assim será tua descendência" (Gn 15,5). Tudo reenvia ao "pai da luz" (Gn 1,17s), a Deus como criador, capaz de fazer surgir do nada a realidade e de fazer os seres humanos caminharem, porque é o criador dos êxodos: "Eu sou o Senhor que te fez sair de Ur dos caldeus [...]" (Gn 15,7).

À forte asseguração de Deus corresponde uma adesão igualmente forte e decidida de Abraão, o qual "teve fé no Senhor, que levou isso em conta de justiça" (Gn 15,6). A forma verbal "teve fé" tem um significado determinante na experiência singular de Abraão, visto que recorda o gesto de apoiar-se em Deus, como rocha e fortaleza. Nestas expressões, individuamos um Abraão que supera a tentação de dar a Deus o *ultimatum*, de deixar tudo.

A esta altura, encontramo-nos com um Abraão transformado. Com efeito, Deus lhe disse: "Já não te chamarás Abrão:[24] Abraão[25] será teu nome [...]" (Gn 17,5). A partir deste momento, a existência de Abraão é totalmente transformada: ele passa do cuidado dos próprios interesses para o cuidado dos interesses do

---

esta ambiguidade. Estava encurralado, imprensado, e encontrou o caminho mais fácil; e porque havia certo respaldo jurídico, buscou arriscar com o direito, com certas possibilidades jurídicas, fechando os olhos aos aspectos morais, porque não podia agir diferentemente". Ibid., p. 50.

[23] Ibid., pp. 50-51.

[24] Significa: "meu pai é grande".

[25] Significa: "pai dos povos".

Povo de Deus. Tornou-se o amigo mais caro a Deus (Gn 18-19), que, consequentemente, revela-lhe os próprios projetos.

Abraão tornou-se o intercessor do povo, como acontecerá com Jeremias, lembrado à distância de séculos como "o amigo de seus irmãos, aquele que muito ora pelo povo e por toda a cidade santa, Jeremias, o profeta de Deus" (2Mc 15,14).

O caminho "na" e "com" a fé é, para Abraão, um ministério público, um serviço para o povo. Uma transformação determinante: de um homem interessado pela própria família a primeiro modelo de organizador, justamente para a missão que Deus lhe confiou.

Os acontecimentos divinos realizam-se: Abraão chega à terra e nasce o filho, Isaac. Na verdade, antes desse nascimento dá-se o de Ismael, que Abraão gerou com a escrava Agar, buscando, assim, realizar com os próprios meios uma promessa de fecundidade que não parecia poder realizar-se. Não é este o plano divino: Deus "insiste em sua linha: o verdadeiro filho é outro, que precisa ser esperado e que nascerá de Sara".[26] Justamente, porém, quando a tensão se alivia e tudo parece resolvido, eis que chega a nova prova: Deus lhe pede que sacrifique o filho, Isaac (Gn 22,1-2).[27]

Abraão leva a sério a ordem divina que exige destruir o fundamento e o meio para realizar as promessas diversas vezes confirmada, ao passo que Deus espera uma confiança incondicionada à sua vontade a fim de revelar-se amor e gratuidade. Tudo

---

[26] COSTACURTA, *Abramo*, p. 19.

[27] O relato, literariamente eficaz e difícil em sua reconstrução (cf. KILIAN, R. *Il sacrificio di Isacco*. Brescia: Paidea, 1976), foi submetido à análise histórico-crítica, estrutural, psicanalítica, filosófica, antropológico-cultural, cada uma das quais distinguindo uma identificação diferente da tentação (cf. BONORA, A. *La fede di Abramo alla prova;* il sacrificio di Isacco. Bologna: EDB, 1998. pp. 17-23. (Col. Parola Spirito e Vita, n. 17.)

o que de incompreensível e de absurdo se encontra na narrativa, evidenciado pelas palavras mesmas de Deus (*teu filho, teu único, que amas, Isaac*), constitui o preço necessário a fim de superar a caricatura da imagem de Deus, a máscara que o ser humano amiúde coloca sobre seu rosto.

Abraão aceita em um silencioso abandono o pedido de Deus (*levantou-se, encilhou o jumento, tomou consigo o filho, rachou a lenha*), abandono reconfirmado pelas palavras ditas aos servos e ao próprio filho (vv. 5-8).

Abraão havia partido a fim de tornar-se um grande povo. Agora parte de novo para eliminar o único filho que teria podido dar origem àquele povo.[28] Os fatos atestam a excepcionalidade da fé de Abraão e a incompreensibilidade de Deus, "um Deus absolutamente transcendente, que não pode jamais ser identificado com nada, nem mesmo com seus dons, tampouco com a realização de suas promessas".[29] Deus jamais é vontade arbitrária e caprichosa, mesmo quando parece retomar tudo quanto deu, ou parece indiferente ao sofrimento e à morte.

O caminho de fé, cedo ou tarde, coloca o ser humano à prova. Não no sentido de que Deus queira provar artificialmente o ser humano e colocá-lo em dificuldade apenas para ver como reage, mas no sentido de que a transcendência absoluta de Deus e sua alteridade radical põem o crente diante de critérios e de caminhos completamente diferentes dos próprios. O relacionamento com Deus, em si, já é uma prova, um desconhecido no qual é possível entrar somente se a fé supera a obscuridade e o medo.[30]

"Agora sei que temes a Deus" (Gn 22,12). A alegre constatação é instrução para Abraão, que toma consciência de quanto

---

[28] COSTACURTA, *Abramo*, pp. 20-21.

[29] Ibid., p. 26.

[30] Ibid., pp. 19-20.

confia em Deus, como o farão o justo dos Salmos (cf. Sl 20,7) e o povo (cf. Ex 20,20): temos pouco o que ensinar a Deus; só temos a aprender! Quando Abraão pensa que "Deus proverá", coloca-se como disponibilidade real e antecipação do cumprimento imprevisível (a substituição do filho pelo animal) que Deus torna possível para o homem.[31]

Nessa experiência de caminho nasce uma primeira referência para uma hipotética teologia da estrada, não somente porque Abraão foi capaz de aceitar o desafio de Deus, mas também devido a como viveu essa proposta, indicando claramente que a condição essencial para um crente está no confiar totalmente em Deus, sem hesitações nem temores.

À luz da experiência de Abraão, compreende-se que Deus pode ser encontrado somente no mistério e na aceitação da total gratuidade. Tudo o que vem dele é dom gratuito, que deve continuar a ser acolhido, jamais pretendido, mas sempre recebido na fascinação e no louvor que exprime a consciência de que tudo é seu e nada nos pertence.[32]

O conflito entre fé e realidade

A experiência de Abraão, além de recordar a indispensabilidade da fé, evidencia o conflito entre a fé e a realidade: a promessa ("Abraão, serás pai de um povo!") é dirigida a um casal que se encontra, por causa da idade, na impossibilidade de gerar; um casal, além do mais, no qual a mulher é estéril. Escreve Mesters a propósito: "Seja realista! É bobagem ficar sonhando com um futuro impossível! Esse povo não vai sair nunca!".[33]

---

[31] Cf. BONORA, *La fede di Abramo alla prova*; il sacrificio di Isacco, p. 27.

[32] COSTACURTA, *Abramo*, p. 27.

[33] Cf. MESTERS, *Abramo e Sara*, p. 79.

O conflito entre fé e realidade nos remete para algumas atitudes que Abraão assumiu, a partir do momento em que aceitou se ocupar do povo, vivendo constantemente de fé, também diante da evidência dos fatos. Afirma ainda Mesters:

> Até hoje, o conflito é sempre o mesmo: entre fé e realidade, entre o futuro que se espera e o presente que se vive, entre o ideal a ser realizado e os pobres recursos de que se dispõe. Fazer o quê? Para acreditar no futuro do jeito que Deus lhe prometia, Abraão tinha que acreditar em si mesmo e em Sara. Mas não acreditou, e procurou um outro jeito [...] oferecido por um costume da época, garantido pelas leis daquele tempo. Conforme esse costume, quem não tinha filhos podia adotar uma outra pessoa para ela ser o herdeiro e tomar conta dos bens. Foi o que Abraão fez. Adotou o empregado Eliezer e desculpou-se diante de Deus (Gn 15,2-3). Parecia uma solução honesta e normal, mas não era. Tinha um defeito. Para garantir o seu futuro, Abraão teve mais fé e confiança num costume da época do que em Deus, em Sara e em si mesmo. Ele chegou a essa solução não foi por má vontade. Foi por não enxergar outro caminho. A resposta de Deus foi clara. Ele não aceitou a proposta de Abraão e disse: "Não será esse o teu herdeiro, mas alguém saído de teu sangue" (Gn 15,4). Não é que Deus seja contra os costumes da época. O que ele não aceita é a gente colocar tais costumes no lugar da fé em Deus e em si mesmo e fazer deles a base da segurança. Foi recusando a proposta de Abraão que Deus o ajudou a descobrir em si esse defeito escondido. E será sempre assim: o homem vai dando os seus passos como pode, certos ou errados. Só depois, pela experiência, ele vai descobrindo o que valeu a sua iniciativa e começa a enxergar melhor as coisas.[34]

A análise do teólogo brasileiro nos ajuda a ler os conflitos que a vida consagrada está vivendo, com vistas à própria sobre-

---

[34] Ibid., pp. 79-81.

vivência[35] e à coragem de reconsiderar objetivamente a realidade apostólica; ajuda-nos a compreender as dificuldades atuais das famílias religiosas,[36] além dos contrastes interpessoais e comunitários, na linha da metodologia bíblica do passar do "certo" ao "incerto".

Com demasiada frequência, os consagrados e as consagradas encontram suas seguranças nas obras, nas construções, na história do passado. Tudo isso é verdadeiro, e ninguém pretende desvalorizar o caminho que o Espírito Santo favoreceu. No entanto, a vida consagrada, hoje, precisa dar um passo no escuro e começar a remar contra a corrente.[37] Deus não concedeu um substituto a Abraão: o filho devia nascer dele. Do mesmo modo, ele não permite aos religiosos e às religiosas encontrar soluções substitutivas, quase a continuação das tradições e das obras de ontem. É urgente optar decididamente por Deus: ter a certeza de que Deus não abandonará jamais a existência consagrada. Ao contrário, torná-la-á mais fecunda, com novos frutos, levando-a a ser verdadeiramente ela mesma no hoje deste terceiro milênio.

---

[35] "O chamado a reencontrar as próprias raízes e as próprias opções na espiritualidade abre caminhos ao futuro" (*Partir de Cristo*, n. 20).

[36] "Não se pode mais enfrentar o futuro em meio à dispersão. É preciso ser Igreja, viver juntos a aventura do Espírito e do seguimento de Cristo, de comunicar a experiência do Evangelho, aprendendo a amar a comunidade e a família religiosa do outro como própria. As alegrias e as dores, as preocupações e os sucessos podem ser partilhados e são de todos" (*Partir de Cristo*, n. 30).

[37] "Por outro lado, em face à progressiva crise religiosa que investe contra uma grande parte da nossa sociedade, as pessoas consagradas, hoje de modo particular, são obrigadas a procurar novas formas de presença e a propor-se não poucos interrogativos sobre o sentido da sua identidade e do seu futuro" (*Partir de Cristo*, n. 12). "Poderíamos passar em resenha muitas outras expectativas da vida consagrada, no início deste novo milênio, e não terminaríamos mais, já que o Espírito impulsiona sempre para diante, sempre mais além. A palavra do Mestre é que deve suscitar tanto entusiasmo em todos os seus discípulos e discípulas de modo que façam memória agradecida do passado, vivam com paixão o presente e abram-se com confiança ao futuro" (n. 19).

A vida consagrada deve ter a coragem de encontrar em Deus as soluções para o momento atual. Também as técnicas estimuladoras são estéreis se têm a pretensão de eliminar Deus, se pensam poder substituir o Criador. Os meios que o futuro oferece não devem ser rejeitados, bem como todas as sugestões e as técnicas que possam melhorar a vida consagrada, mas sob a condição de que não sufoquem a grande promessa de Deus escondida na vida.[38]

O futuro de Abraão estava no filho Isaac (cf. Gn 21,6).

"Graças à teimosia da fé de Abraão, o filho nasceu. Nasceu do jeito que Deus queria: filho de Abraão e Sara!"[39]

Também a recente instrução *Partir de Cristo* sublinha a obstinação da fé de Abraão, enfatizando como a fé pode mostrar à existência consagrada uma metodologia para um futuro no qual Deus seja sempre de casa.[40]

A busca de uma metodologia para erguer a qualidade da vida fraterna comporta sempre sacrifícios, exige saber aceitar, em total disponibilidade, a prova da mudança, a joeira de novas técnicas que nem sempre garantem imediatamente o sucesso em todos os sentidos.[41]

---

[38] "Missão fundamental, na hora de reencontrar o sentido e a qualidade da vida consagrada, é a dos superiores e superioras [...]. Essa missão requer uma constante presença, capaz de animar e de propor, de recordar a razão de ser da vida consagrada e de ajudar as pessoas que lhe foram confiadas no sentido de uma fidelidade sempre renovada ao chamado do Espírito" (ibid., n. 14).

[39] MESTERS, *Abramo e Sara*, p. 91.

[40] Os religiosos e as religiosas, "fortes, principalmente, pelo seu natural impulso, tornem-se testemunhas valorosas da aspiração à santidade qual *medida alta* do ser cristão. Sobre a imediatez desta sua fé, sobre as atitudes que gozosamente revelaram e sobre quanto quererá dizer-lhes o Espírito, apoia-se, em boa parte, o futuro da vida consagrada e da sua missão" (n. 46).

[41] "Pede-se uma participação convencida e pessoal na vida e missão da comunidade a cada um de seus membros. Mesmo que, em última instância,

Em última análise, toda a experiência do patriarca tem muito a ensinar aos animadores, aos líderes de nosso tempo, sobretudo se o contemplamos no ato de aceitar o sacrifício do filho.

Voltamos a este episódio na conclusão da viagem em companhia de Abraão, convencidos da necessidade de compreender o que Deus verdadeiramente quer de nós.

> É que todos nós, casados ou solteiros, carregamos dentro de nós um Isaque, mimado como filho único e alimentado por nós – quem sabe – como sendo a base de nossa esperança. Carregamos em nós projetos e planos, elaborados pela nossa lógica em vista da construção do futuro, que talvez disfarcem a nossa falta de fé em Deus e no povo. Carregamos ideias nascidas da nossa inteligência como filhos nascidos do pai, ideias das quais não queremos abrir mão por serem elas o fundamento da nossa segurança. Mais cedo ou mais tarde, chegará também para nós a hora em que Deus vai tirar tudo a limpo, para ver se nós reagimos como *Abraão* ou como *Adão*. Ele vai pedir que este Isaque seja sacrificado! Será o momento da prova, prova de fogo![42]

A escolha de passar do "povo de Adão" ao "povo de Abraão" consiste em aceitar que Deus seja o formador e o organizador da vida do povo. A esse respeito, são fortes as palavras de Isaías:

> Escutai o que digo, vós que procurais a justiça, que buscais o SENHOR, olhai bem para a rocha de onde fostes tirados, reparai o talho de onde fostes cortados. Observai Abraão, vosso pai, e também Sara que vos deu à luz! Ele estava só, quando o chamei, mas quando o abençoei, eu o multipliquei (51,1-2).

---

e segundo o direito próprio, pertença à autoridade tomar decisões e fazer opções, o caminho cotidiano da vida fraterna em comunidade postula uma participação que consente o exercício do diálogo e do discernimento. Todos e cada um na comunidade podem, desse modo, confrontar a própria vida com o projeto de Deus, fazendo juntos a sua vontade" (*Partir de Cristo*, n. 14).

[42] MESTERS, *Abramo e Sara*, p. 98.

Emerge uma teologia do povo, sob o signo dos fatos divinos, qual experiência viva, encarnada na história de todos os dias. Também os religiosos e as religiosas, nesta experiência de luta, são chamados a fazer parte do "povo de Abraão",[43] a buscar novas estratégias para ajudar aos que se identificam com o "povo de Adão", a estudar novas formas de presença apostólica.

Nessa linha é urgente repensar o serviço de animação não como tendo por meta unicamente organizar a vida da comunidade religiosa, mas sim criar pessoas cuja presença ativa

> ajudará as comunidades cristãs a se tornarem laboratórios da fé, lugares de busca, de reflexão e de encontro, de comunhão e de serviço apostólico, nos quais todos se sintam participantes, na edificação do Reino de Deus em meio aos homens (*Partir de Cristo*, n. 16).

> Recorde-se também de que uma missão no hoje das comunidades de vida consagrada é a de "fazerem crescer a espiritualidade da comunhão, primeiro no seu seio e depois na própria comunidade eclesial e para além dos seus confins..." (ibid., n. 28; a citação é tirada de *Vita consecrata*, n. 51).

Em suma, o caminho de Abraão é "bênção" para a vida consagrada, e pode propor ideias e referências para enfrentar o cotidiano, para valorizar tudo quanto a providência divina concede no hoje, porque

> ele é o pai de quem trazemos no sangue a fadiga e a maravilha de confiar totalmente, nós mesmos e nosso futuro, ao Deus que se

---

[43] Podemos sintetizar os traços fundamentais do "povo de Abraão" como: 1. Caminhar com Deus. 2. Destruir as divisões que impedem o amor. 3. Perdoar setenta vezes sete. 4. Ter a coragem de confiar no amor de Deus. 5. Lutar contra a opressão e procurar servir. Os traços do "povo de Adão", ao contrário, são: 1. Caminhar sem Deus. 2. Promover o ódio e a morte. 3. Recorrer à vingança como meio de defesa. 4. Utilizar as práticas supersticiosas. 5. Querer ser dono de tudo e de todos (cf. MESTERS, *Abramo e Sara*, p. 106).

revela. As últimas palavras veterotestamentárias de Abraão são um convite aflito a não inverter jamais o caminho a que o chamado de Deus originou: "Em nenhum caso leva meu filho para lá (para a terra de onde saí – v. 5)" (24,6). A história humana agora vive do juramento feito a Abraão "de conceder-nos que, sem temor, libertos da mão dos nossos inimigos, nós o sirvamos com santidade e justiça, em sua presença, todos os nossos dias" (Lc 1,74).[44]

Tornar-se um guia para o Povo de Deus (Moisés)

As três religiões monoteístas – Judaísmo, Cristianismo e Islamismo –, além de reportarem-se todas ao mesmo patriarca Abraão, veneram ainda mais outra personagem bíblica: Moisés.

Para a tradição hebraica, Moisés é o autor da Torá (o Pentateuco). É "o homem de Deus" (cf. Ex 3,2), o "servo de Deus" (cf. Ne 1,8). A tradição cristã concede um espaço de primeira ordem a Moisés, como a personagem do Antigo Testamento mais frequentemente citado no Novo Testamento: mais vezes do que o próprio Abraão (Moisés: 80 vezes; Abraão: 73 vezes). O Novo Testamento continua a atribuir-lhe toda a Lei (cf. Mc 12,26). Acena também à sua assunção (cf. Jd 9). Não causa admiração, portanto, que esteja presente com Elias, na transfiguração de Jesus (cf. Mt 17,1-8). Também o Alcorão, como o Novo Testamento, fala mais de Moisés do que de Abraão. Aliás, fala dele mais do que de Jesus.[45]

O nascimento de Moisés acontece justamente no momento em que se desencadeia mais violentamente a tenebrosa ofensiva do faraó: "Lançai ao rio todos os meninos hebreus recém-nascidos [...]" (Ex 1,22). O autor bíblico registra que, quando Moisés veio ao mundo, a mãe viu que era "um *belo* menino" (Ex 2,2).

---

[44]   SICARI, A. *Chiamati per nome*. La vocazione nella Scrittura. Milano: Jaca Book, 1979. p. 36.

[45]   Cf. VOGELS, W. *Mosè dai molteplici volti*. Roma: Borla, 1990. pp. 5-6.

Enquanto a aventura de Abraão exprime o chamado do homem da idolatria à fé, do mundo tenebroso da confusão babélica à aurora nova da promessa, a de Moisés reenvia ao chamado de um povo a tornar-se objeto de história, a tornar-se coração teológico da história humana.

A vocação de Abraão coincide com a eleição: a voz que chama é de uma gratuidade inexplicável, é a gratuidade de IHWH, que jura e promete e exige do homem somente a adesão incondicionada. Em contrapartida, a vocação de Moisés já se encontra dentro da memória da eleição: ele é chamado *de dentro* de um povo cuja condição é "preservada" por um Deus que "se preocupa com ele" (cf. Ex 2,25), cujo grito é "ouvido" pelo Senhor, cujo sofrimento lhe é "bem familiar" (cf. Ex 3,7).[46]

Moisés[47] é guiado por uma "voz" que lhe confia a missão de assentar real e teologicamente o povo na terra prometida, na bênção, de constituí-lo coração das nações e de toda a aventura humana. Nesta perspectiva, o documento *A vida fraterna em comunidade* estabelece um sugestivo paralelo entre Moisés, libertado e guia do povo, e os responsáveis religiosos, libertados e guias da comunidade.[48]

Tendo sido escolhido por Deus para o serviço do povo eleito, Moisés logo se encontrou em uma posição que o colocava entre IHWH e Israel: por isso, o autor do livro dos Atos e Paulo o declararão "mediador" (cf. At 7,38; Gl 3,19). Este título aplica-se

---

[46] SICARI, *Chiamati per nome. La vocazione nella Scrittura*, p. 37.

[47] Cf. BUBER, M. *Mosè*. Casale Monferrato (AL): Marietti, 1983. CAZELLES, H. *Alla ricerca di Mosè*. Brescia: Queriniana, 1982. SEGRE, A. *Mosè, nostro maestro*. Fossano (CN): Esperienze, 1975.

[48] "Como Israel, libertado do Egito, tornou-se Povo de Deus depois de ter feito uma longa caminhada no deserto sob a guia de Moisés, assim a comunidade inserida na Igreja, Povo de Deus, é construída por pessoas que Cristo libertou e fez capazes de amar de seu jeito, através do dom de seu Amor libertador e da aceitação cordial daqueles que ele dá como seus guias" (n. 21).

bem à função de líder, função que se explica em três direções: a de *guia do povo*, de *profeta* e de *sacerdote*.

A liderança de Moisés, totalmente concentrada no serviço de libertação, não será possível se antes não passar pelo crivo do próprio êxodo. O filho adotivo da filha do faraó *deve ser o primeiro a sair de uma falsa segurança*, da presunção de ser um privilegiado, um isento, a fim de penetrar no mundo dos fracos, para compreender os labores dos irmãos:

> Ele deve sair de uma sabedoria falsa (Moisés foi "iniciado em toda a sabedoria dos egípcios" (At 7,22). [...] Deve sair da condição de "poderoso em suas palavras e obras" (At 7,22), para ser rejeitado como "chefe e juiz de um povo de escravos [...]". Paradoxalmente, Deus chama Moisés a ser instrumento da própria vontade/decisão de libertação.[49]

Todas as personagens bíblicas destinadas a executar uma tarefa específica no quadro da vida do povo eleito receberam um chamado especial da parte de IHWH, com vistas a um papel significativo no interior da comunidade. Em tudo isso se podem encontrar numerosos estímulos de reflexão acerca da vida consagrada.

A missão de uma personagem que se tornou inútil

Tendo-se tornado adulto, Moisés sentiu-se animado por fortes sentimentos de solidariedade em relação aos "seus irmãos". Convencido do próprio dever de comprometer-se em favor deles, "dirigiu-se para junto de seus irmãos hebreus e viu sua aflição" (Ex 2,11).[50]

---

[49]   SICARI, *Chiamati per nome. La vocazione nella Scrittura*, pp. 39-41.

[50]   "Moisés julga haver descoberto o próprio campo de compromisso social e político; e ele está disposto até mesmo a matar um egípcio, contanto que

A morte do rei do Egito (cf. Ex 2,23) não muda em nada a sorte dos hebreus, a quem o trabalho opressivo há muito tempo transformou em escravos. São, deveras, miseráveis, sem rosto e sem esperança. A narrativa bíblica fala-nos somente de um "gemido" submisso e profundo, que se eleva progressivamente, até alcançar a agudeza de um "grito" desesperado. Deus, porém, jamais abandona os pobres!

É surpreendente o modo pelo qual Deus chama Moisés: "do meio da sarça" (Ex 3,1-4; At 7,30-34), a fim de que liberte o povo eleito. Este é o fim para o qual IHWH o chama: tira-o do meio do povo e o destina ao serviço do povo (cf. Hb 5,1), para que o escute, compreenda e seja seu chefe. Sua vida é totalmente transformada: ele não é mais o contemplativo solitário, tudo em sua vida parece prenunciar tensões e conflitos.

Moisés, por sua vez, empenha-se a fundo nesta tarefa, demonstrando haver não apenas compreendido toda a sua importância, mas também querer executá-la a qualquer preço: por isso propõe a lei ao povo (cf. Ex 34,29-32), explica-lhe a lei (cf. Dt 1,5ss), escreve-a (cf. Dt 31,9-13) e exorta todos à fidelidade (cf. Nm 14,41-43).

Também hoje Deus entra na vida de um indivíduo para envolvê-lo, para confirmar-lhe uma missão, um projeto de salvação: "Eu vi a opressão de meu povo no Egito, ouvi o grito de aflição diante dos opressores e tomei conhecimento de seus sofrimentos. Desci para libertá-los das mãos dos egípcios e fazê-los sair desse país [...]" (Ex 3,7s).

---

dê rédea solta aos entusiasmos de sua nova vocação. Não há dúvida de que Moisés é uma pessoa generosa; como acontece com muitos entre os que a história humana privilegiou com dons materiais e com dons de cultura fora do comum, ele é, talvez, vítima da própria abstração intelectualista, mas não é possível negar-lhe uma generosidade inata" (STANCARI, P. *Lettura spirituale del libro dell'Esodo*. Roma: Borla, 1994. p. 26).

A vocação de Moisés tem dimensão missionária. Não é um prêmio por sua paciente e solícita espera, tampouco é o valor de um conforto espiritual destinado a apoiar seu programa particular de vida. O chamado de Moisés resume-se integralmente no compromisso de uma *missão*: "E agora, vai! Eu te envio ao faraó para que faças sair o meu povo, os israelitas, do Egito" (Ex 3,10).

No entanto, esta vocação não é um fim em si mesma: Moisés recebe imediatamente o encargo de reunir os anciãos, de falar-lhes (cf. Ex 3,16-18). Sua primeira reação é clara: "Mas se eles não acreditarem em mim, nem me atenderem, mas disserem: 'O SENHOR não te apareceu'?" (Ex 4,1).

Toda pessoa humana é depositária de uma vocação que provém de Deus; e toda vocação tem sempre o significado de um compromisso em prol da humanidade: a ninguém é consentido encaracolar-se no próprio recantinho de fervorosa autocomplacência. Para quem enfrenta a sério o mistério da própria vocação, tudo começa a girar em uma velocidade vertiginosa: então a pessoa se encontra envolta em responsabilidades sempre mais universais. Moisés é também arrancado de seus hábitos mais comuns e subtraído à angústia de uma existência privatizada.[51]

A fé leva à superação desta visão humana cheia de temor e faz aderir a Deus através de mediações. Aceitar uma tarefa assim penosa equivale a fundir numa só coisa "crer e escutar". Deus considera razoável a objeção de Moisés – "Quem sou eu para ir ao faraó e fazer sair do Egito os israelitas?" –, e se mostra disponível a conceder sinais probantes: o bastão transformado em serpente e a mão tornada leprosa e curada (cf. Ex 4,8s).

Esses sinais não são propriamente milagres, ainda que sejam chamados de prodígios (cf. Ex 3,20): são fatos naturais ligados à missão de Moisés. Moisés mostrou-se verdadeiramente como

---

[51] Ibid., p. 37.

guia espiritual de seu povo, aquele que soube interpretar a vontade de Deus em um momento histórico preciso e, ao mesmo tempo, adaptou aquela vontade superior às situações ambientais de um povo rude e primitivo.

Nem sempre se consegue ver a Deus por trás das opções dos seres humanos. A missão que Deus confia é sempre em função de reconduzir seu povo à prática e à renovação das antigas alianças e à fé.

Tudo isso é um sinal para quem tem uma responsabilidade e deve enfrentar a fadiga de responder afirmativamente em toda liberdade, encontrando, não raro, as hostilidades ou os comentários negativos da base.

Embora tendo toda a iniciativa, Deus exige que o ser humano colabore com a fé. Quando a alguém é confiada a tarefa de animador, o primeiro movimento exigido é sempre um ato de abandono à vontade divina. O indivíduo experimenta imediatamente como a fé comprova o pedido e determina a resposta.

Ocupar-se com Deus e com seus projetos

É pouco dizer que Moisés foi profeta. Para os hebreus, isto é descontado (cf. Dt 34,5-12): ele é um vidente no significado mais genuíno do termo (cf. Nm 12,2-8); a ele IHWH se revela, se deixa ver por ele, mesmo que seja ainda de modo imperfeito (cf. Ex 33,17-23).

Moisés é o instrumento nas mãos de IHWH para a realização do projeto salvífico, a ponto de o salmista chamá-lo "servo de Deus" (Sl 105,26-27). Hoje é determinante recuperar a consciência de que todo crente é chamado a viver esta tensão, repetindo as palavras de Ex 15,2: "Minha força e meu canto é o SENHOR, ele foi para mim a salvação. Ele é meu Deus, eu o glorificarei; o Deus do meu pai, eu o exaltarei".

Com certeza, a celebração da Páscoa e a libertação do Egito constituem o ponto de chegada da primeira parte da vida de Moisés; os acontecimentos da aparição de IHWH no Sinai, a revelação do Decálogo e a instituição da aliança constituem o ponto de partida da segunda parte da vida do grande condutor.

Durante os quarenta anos passados no deserto, Moisés foi de encontro a muitas provas, entre as quais as contínuas murmurações contra ele e contra IHWH: "Foi por não haver sepulturas no Egito que nos trouxeste para morrermos no deserto? [...]" (Ex 14,11). Os israelitas chegam até mesmo a sentir saudades das famosas cebolas do Egito (cf. Nm 11,4s).

Por meio dessas vicissitudes, chegamos a conhecer, portanto, um aspecto fundamental da personalidade de Moisés: um homem inteiramente a serviço de seu povo, pelo qual se compromete totalmente. É destino do profeta não ser escutado, aliás, deve ser contrariado, contestado, renegado. Moisés convida-nos a ter confiança, a depor todo medo e desfalecimento, a ser fortes.

A passagem do mar dos Juncos pertence ainda ao gênero dos sinais e evidencia o cuidado de Deus para com o povo que nele tem fé: "Naquele dia o SENHOR livrou Israel da mão dos egípcios, e Israel viu os egípcios mortos nas praias do mar. Israel viu a mão poderosa do SENHOR agir contra o Egito. O povo temeu o SENHOR e teve fé no SENHOR e em Moisés, seu servo" (Ex 14,30-31).

Quatro verbos nos ajudam a esclarecer os modos e os significados da liderança perante o evento. No centro se encontra o verbo "ver", repetido com duplo objeto. "Israel viu os egípcios mortos...": é a constatação de um fato percebido pelos sentidos, o desaparecimento do inimigo que queria destruí-lo. Quem tem um papel de guia deve ver a realidade em sua verdade, sem condicionamentos de tipo algum; deve ajudar a comunidade a perceber as situações, e partir delas, sem sugestões emotivas.

O segundo objeto do ver é "a mão poderosa do SENHOR": é a compreensão do fato à medida que não é devido ao acaso, mas sim a uma precisa intencionalidade divina. Esta ligação entre o que o povo vê e a ação divina provoca uma reação: o "temor" e a percepção profunda do poder ("mão") divina, favorável. Dessa maneira, os israelitas respondem à exortação de Moisés de "não temer os egípcios", tornando-se tementes a Deus e deixando de ser medrosos diante dos homens. A passagem é consequência de um ver diferente: enquanto viam os homens de maneira distorcida, temiam-nos; perceberam a presença de Deus, sustentados por seu olhar soberano (cf. Ex 14,20.24), alcançaram a salvação ("o Senhor salvou") e a fé ("acreditaram"), o que implica inseparavelmente confiança em Deus e em Moisés como executor fiel de seu plano ("servo").

Na comunidade, a "poderosa mão do Senhor" continua a ser garantia, força, segurança diante das diversas dificuldades internas e externas; perante as exigências de coerência evangélica e carismática. Mas a busca da eficiência, a ênfase no fazer em detrimento do ser, o temor de ver as próprias competências sacrificadas pelo projeto comum, o receio diante dos contínuos desafios do tempo podem levar às mesmas reações de indiferença e de recusa a que se entregavam frequentemente os israelitas. Quando a autoridade é agredida, posta em questão por sua coerência, pelo distúrbio que provoca, a desconfiança e o desencorajamento podem originar múltiplas reações. É o momento de assumir como próprio o tema do cântico de Moisés: "Minha força e meu canto é o SENHOR, ele foi para mim a salvação" (Ex 15,2), expressão forte de uma liderança sob o signo da fé.

Criar as condições para ser um povo sacerdotal

Dentro da aventura de Moisés, interessante é a referência ao santuário como obra de muitos. Nessa perspectiva emergem as figuras de Beseleel e de Ooliab, peritos em "fazer projetos, trabalhar com ouro, prata e bronze, lapidar pedras e engastá-las, entalhar madeira e executar qualquer tipo de trabalho" (Ex 31,2-5; 35,30-35; 36,1.2). Deles se diz reiteradamente que eram "cheios de sabedoria, entendimento e conhecimento para toda espécie de trabalho", trazem no "coração" o projeto da obra a ser executada e a capacidade artesanal de realizá-la (cf. Ex 31,6; 35,34; 36,2).

Em Moisés se destaca sua vocação participativa, a ponto de pedir que cada um contribua com alguma coisa (Ex 35,4ss), mas sobretudo com "generosidade e coração". Se o povo estava envolvido na construção do santuário, é óbvio que ninguém podia permanecer expectador; todos se comprometem porque fazem parte de um reino de sacerdotes e de uma nação santa" (Ex 19,6).

No tempo de Moisés, os confins entre profetismo e sacerdócio não eram bem definidos; somente mais tarde as duas funções serão separadas e delegadas a pessoas diferentes. Em Moisés as duas funções se fundem. Como Moisés, também Aarão, o primeiro sacerdote hebreu, era a um tempo sacerdote e profeta, aliás, intérprete do profeta Moisés, seu irmão, o qual "não tinha a palavra fácil" (cf. Ex 24,4-9; 33,7-11).

Para a função sacerdotal, o momento mais significativo é a aliança, como cessação da servidão a homem e com vistas ao serviço a Deus. Nesse contexto, encontramos ainda a exortação à fé: "E o SENHOR disse a Moisés: 'Virei a ti em nuvem escura, para que o povo ouça quando eu falar contigo e creia sempre em ti'" (Ex 19,9).

O centro do relato é a aliança, prometida (cf. Ex 19,5), estipulada (cf. Ex 24,7s), rompida (cf. Ex 32), renovada (cf. Ex 34). Fundada sobre a certeza da presença divina, a fé se qualifica agora como escuta e obediência, e descobre o querer divino sobretudo na palavra de Moisés.

No Antigo Testamento, "crer" pode também significar temer, buscar, agir, aguardar e esperar. O Êxodo, em seu conjunto, é experiência de libertação "de...", a fim de entrar "em...", através do deserto, graças à ação salvífica de Deus.

O estilo da liderança: preparar e arriscar

A convicção que deve guiar hoje um líder está bem sintetizada nos dois verbos *preparar*[52] e *arriscar*.[53] A guia e a animação da parte da autoridade serão eficazes e benéficas para a comunidade se forem criadas as condições prévias para um estilo de governo correspondente. Isto exige, particularmente, que os problemas, pessoais ou comunitários e apostólicos, não sejam ocultados, ou pior, deixados incubados sob as cinzas de uma ilusória normalidade, mas sim declarados e reconhecidos por aquilo que são, pelas dificuldades que criam, pelo eventual mal-estar que provocam.[54]

Muitas vezes as propostas definham, as atitudes de fuga ao privado revelam o medo de um envolvimento excessivo. Nesses e em outros casos um estilo organizacional que saiba dar as justas

---

[52] O sentido da providência: Ex 15,17; 23,20; 2Rs 19,25; Jt 9,6; Sl 65,10; Sb 98; Is 22,11; Jr 51,39; Mt 20,23; 25,34; Lc 22,29; Jo 14,2s; 1Cor 2,9; Hb 11,16. Preparar uma estrada para o Senhor: Is 40,3; 57,14; Ml 3,1; Mt 3,3; 11,10; Lc 1,17; 1,76.

[53] Cf. Pr 20,2; Rm 16,3.

[54] "Um olhar realista sobre a situação da Igreja e do mundo obriga-nos a perceber também *as dificuldades nas quais a vida consagrada está vivendo.* Todos somos conscientes igualmente das provas e das purificações às quais ela está hoje submetida. O grande tesouro do dom de Deus guarda-se em frágeis vasos de barro (cf. 2Cor 4,7) e o mistério do mal arma ciladas também àqueles que dedicam a Deus toda a sua vida. [...] Observando algumas particulares dificuldades, procurar-se-á ter o olhar de quem sabe que a história da Igreja é conduzida por Deus e que tudo contribui para o bem daqueles que o amam (cf. Rm 8,28). Nesta visão de fé, até o negativo poderá ser ocasião para um novo início..." (*Partir de Cristo,* n. 11). Cf. também os nn. 12, 13 e 22.

prioridades, que não sacrifique os valores e os princípios, pode verdadeiramente incidir sobre a gestão da comunidade.

Em todo grupo, ademais, existe quem se mostre relutante ou apático ou, de qualquer maneira, não em condições de contribuir muito para a atividade comum. De quando em vez se pode procurar envolver tal tipo de pessoas, designando-lhes tarefas bem exigentes, mas de clara e evidente utilidade, que possam oferecer aos interessados uma oportunidade de resgate e de confirmação das próprias capacidades, encorajando-as a uma atitude mais comprometida.

A paciência de um trabalho preventivo e a coragem de tentar uma e outra vez, sem jamais perder o entusiasmo, são a melhor estratégia que um líder pode assumir, em crescente fidelidade e em uma fé a pleno vapor.

A esse propósito, podem oferecer pistas úteis de reflexão as vidas de duas personagens do Novo Testamento: João Batista e Nicodemos.

Desaparecendo, preparar a vinda de Cristo (João Batista)

João Batista é apresentado pela Escritura essencialmente como aquele que indica, aponta, apresenta Jesus, o Cristo, como o único salvador: "Eis o Cordeiro de Deus, aquele que tira o pecado do mundo" (Jo 1,29).

Ainda hoje o Batista continua a abrir os corações dos seres humanos para Cristo, para a sua "alegre notícia", ao seu apelo de penitência e de conversão, à sua graça de perdão e de reconciliação, ao seu convite a uma comunhão de amor.[55]

---

[55] TETTAMANZI, D. *Giovanni il Battista. L'uomo dell'annuncio, della conversione e della testemonianza*. Casale Monferrato (AL): Portalupi Editore, 2000. p. 5.

De modo que a pregação de João não perdeu nada de sua vivacidade e de sua força, na medida em que sua palavra é verdadeiramente Palavra de Deus, palavra "viva, eficaz e mais penetrante do que qualquer espada de dois gumes" (Hb 4,12).

É como se hoje João Batista dirigisse a cada líder sua voz potente e persuasiva, ao mesmo tempo solicitando que aceite o convite: "Convertei-vos, pois o Reino dos Céus está próximo" (Mt 3,2), como condição para "preparar", na perspectiva de Isaías: "Eis que envio à tua frente o meu mensageiro, e ele preparará o teu caminho. Voz de quem clama no deserto: Preparai os caminhos do Senhor, endireitai as veredas para ele" (Mc 1,1-3).

Hoje temos necessidade de líderes como o Batista, capazes de entrar nesta lógica de preparação, tornando-se homens e mulheres-chave de renovação da comunidade, anseio de conjunção entre o antigo e o novo, tornando-se de tal maneira transparentes que todos vejam em seu ser e em seu agir não a pessoa deles, mas *aquele* para quem eles remetem, *aquele* a quem eles indicam e apontam: "Depois de mim vem aquele que é mais forte do que eu. Eu nem sou digno de, abaixando-me, desatar a correia de suas sandálias. Eu vos batizei com água. Ele vos batizará com o Espírito Santo" (Mc 1,7-8).

Um célebre quadro representa o Batista com o indicador voltado para Jesus. Ele é o índex estendido para mostrar o Cristo. É a voz que o torna conhecido. É o precursor da vinda do grande Rei. É o servo do Senhor. É a testemunha da luz.[56]

Como é sabido, as referências que dizem respeito ao Batista são apresentadas em todos os níveis da tradição evangélica. Esse fato nos diz que, desde o início, a Igreja aceitou o papel do Batista como significativo em sua vida e em sua missão.

---

[56] Cf. POPPI, A. *L'inizio del Vangelo*. Predicazione del Battista, battesimo e tentazione di Gesù. Padova: Messaggero, 1976.

Desde o início, o Cristianismo colocou João no contexto de sua história salvífica (Mc 1,2-8) não como um indivíduo isolado, mas como alguém que suscitou uma grande mudança dentro do projeto de Deus, no decurso da história desconcertante, proclamada pela Bíblia [...]. João apareceu no horizonte – às margens do mundo –, nos lugares desertos da existência civilizada, nas áreas da imediatidade, da religião e da fé.[57]

Motivar novamente a vida

Lucas insere o Batista no grande esquema de sua história da salvação: João é o profeta escatológico do Altíssimo, que vem justamente antes do Senhor (cf. Lc 1,7).

Com o espírito de Elias, ele prega a conversão e a alegria, estando repleto do Espírito Santo. É um asceta de vida mortificada (cf. Lc 1,15; 7,25.33) e ensina seus discípulos a jejuar com frequência e a rezar. É um homem de oração e um mestre de vida espiritual, um reformador.

Com tudo isso, o Batista representa um quadro de referência precioso, a fim de ser o homem da Palavra de Deus, o porta-voz e o arauto da vontade divina. Amiúde, esses aspectos são pouco valorizados, sobretudo quando a gestão das obras leva vantagem sobre a dimensão espiritual.[58]

João, que prega o juízo iminente, que proclama as exigências éticas da conversão, que convida a acolher o "mais forte" que deve

---

[57] KAZMIERSKI, C. R. *Giovanni il Battista profeta ed evangelista*. Cinisello Balsamo (MI): San Paolo, 1999. pp. 9-10.

[58] Fazer emergir novamente a valentia espiritual é determinante: "É, precisamente, no simples cotidiano que a vida consagrada cresce, em progressivo amadurecimento, a fim de se tornar anúncio de um modo de viver alternativo aos do mundo e da cultura dominante. Com o estilo de vida e a busca do Absoluto, sugere quase que uma terapia espiritual para os males do nosso tempo. Por isso, no coração da Igreja, representa uma bênção e um motivo de esperança para a vida humana e para a própria vida eclesial" (*Partir de Cristo*, n. 6).

vir, realiza as esperanças da reforma espiritual que estavam ligadas à figura de Elias redivivo: ele anuncia a reviravolta, a nova época.

É esse o ponto firme do qual partir novamente para uma liderança que seja ponte entre a vida comunitária espiritual e a gestão das obras e das atividades,[59] que promove uma visão da existência consagrada que declare verdadeiramente a escolha feita.[60] Também hoje, o superior não deve ter medo de falar de conversão entre os membros da comunidade. As palavras de João: "Produzi frutos que mostrem vossa conversão [...]" (Lc 3,7-8; cf. Mt 3,7-8) podem despertar de uma vida insignificante ou demasiado condicionada pela repetitividade.

Não somente no tempo do Batista havia quem reivindicasse privilégios fundamentados na raça, na tradição religiosa e na eleição divina, a fim de justificar um teor de vida falaz e ilusório, sem adesão pessoal e prática à vontade divina. Hoje também acontece de se encontrarem desculpas para um não envolvimento direto na existência consagrada, em uma vida que ateste a escolha feita. Contra essa ilusão, advertem energicamente as palavras do Batista: "[...] não comeceis a dizer a vós mesmos: 'Nosso pai é Abraão!', pois eu vos digo: Deus pode destas pedras suscitar filhos para Abraão" (Lc 3,8b; cf. Mt 3,10).

E não menos clara é a admoestação contra outra ilusão: a de adiar, de esperar, como para ganhar tempo: "O machado já

---

[59] "Não se pode, pois, invocar as necessidades do serviço apostólico para admitir ou justificar uma vida comunitária medíocre. A atividade dos religiosos deve ser atividade de pessoas que vivem em comum e que informam de espírito comunitário seu agir, que tendem a difundir o espírito fraterno com a palavra, a ação e o exemplo" (*A vida fraterna em comunidade*, n. 55).

[60] "Uma autêntica vida espiritual requer que todos, ainda que nas diversas vocações, dediquem regularmente, todos os dias, momentos apropriados para aprofundar-se no colóquio silencioso com aquele por quem sabem ser amados, a fim de compartilhar com ele a própria vida e receber luz para continuar o caminho cotidiano. É um exercício para o qual se pede fidelidade, posto que somos constantemente insidiados pela alienação e pela dissipação provenientes da sociedade atual, especialmente dos meios de comunicação..." (*Partir de Cristo*, n. 25).

está posto à raiz das árvores. Toda árvore que não der bom fruto será cortada e lançada ao fogo" (Lc 3,9; cf. Mt 3,10). Palavras sobre as quais deveriam refletir todos os que encontram mil motivos para não se mover de suas posições, para não aceitar uma condução comunitária sob o "sinal dos tempos", para não libertar-se de um estilo de vida consuetudinário, sob a insígnia do "já visto", do descontado, do nada de novo. Um superior deve levar em conta esses problemas, com as numerosas formas de imobilismo e de medo da novidade.

A serviço do Reino de Deus

Na versão de Mateus da aventura de João Batista, encontramos também outra motivação para a conversão: o Reino dos céus está às portas, Deus vem para instaurar entre os seres humanos sua soberania.

Também para uma comunidade religiosa, o Reino é um ponto firme, é até mesmo a razão de ser.[61] Para estar a serviço do Reino de Deus, o líder deve ajudar a individuar melhor a missão da vida consagrada em geral e não esquecer o fim específico ao qual toda família religiosa deve dar a prioridade. "Convertei-vos, pois o Reino dos Céus está próximo!" (Mt 3,2), não pode significar senão a busca de uma verdadeira mudança de vida.

Desde sempre, o indivíduo tende a subtrair-se de todas as maneiras à mudança, preferindo se repetir a arriscar. O perigo que corre hoje a vida consagrada é justamente o de se deter na exterioridade, na potencialidade dos instrumentos operacionais, sem uma verdadeira conversão do coração, sem uma autêntica mudança interior.

---

[61] O tema do Reino de Deus está, obviamente, presente em muitos documentos do Magistério. Confiram-se, por exemplo, os nn. 1, 9, 16, 20 da instrução *Partir de Cristo*.

Que devemos fazer? A resposta é uma só: "Produzi frutos que mostrem vossa conversão" (Lc 3,8). Com efeito, a vida consagrada realiza a transformação se se põe à procura de novas estradas para o serviço do Reino de Deus, atestando com todos os meios tal soberania em meio à história cotidiana dos seres humanos. A propósito disso, apesar dos numerosos passos dados, permanece ainda um grande trabalho de libertação de tudo quanto não favorece a realização plena de uma vida entregue totalmente ao Senhor, aos interesses do Reino.

Os superiores de hoje não devem ter medo de recuperar o ardor de João, que "percorreu toda a região do Jordão, pregando um batismo de conversão para o perdão dos pecados, como está escrito no livro dos oráculos do profeta Isaías: 'Voz de quem clama no deserto: Preparai o caminho do Senhor, endireitai as veredas para ele'" (Lc 3,3-4; Mt 3,1-3; Mc 1,24).

Assim como João é profeta para o mundo e não somente para os judeus, é profeta da vontade salvífica do Senhor e não apenas do juízo iminente de Deus sobre os pecadores, do mesmo modo a vida consagrada é para o mundo, é para a salvação da humanidade. As comunidades devem acolher o alegre anúncio de "Jesus Cristo, filho de Deus" (Mc 1,1), para levá-lo a todos, "para dar testemunho da luz".

No desígnio divino cada ser humano está no mundo para o Reino, e todo consagrado, toda consagrada deve ter a mesma determinação que Mateus condensa nas palavras: "A partir de então, Jesus começou a anunciar: 'Convertei-vos, pois o Reino dos Céus está próximo'" (4,17).

Arriscar = renascer do alto (Nicodemos)

Jesus entra na vida de Nicodemos lançando a desordem na construção bem organizada de suas certezas. Nicodemos é fariseu: pertence, pois, àquele grupo religioso que fez da Lei, e da santidade que ela garante, o horizonte da própria existência.[62]

Como fariseu, ele não pode aceitar a superação da Lei, proposta por Jesus: "O sábado é para o homem, não o homem para o sábado". Ademais, é membro do sinédrio, o senado hebraico, dotado de plenos poderes políticos e religiosos; e Jesus deve ter já suscitado a atenção não certamente benévola daquela assembleia, visto que à época da visita noturna de Nicodemos ele acabara de expulsar os vendilhões do templo.

Nicodemos, porém, em vez de hostilidade contra Jesus, sentia-se atraído por ele. Talvez, enrijecido, oculto por uma santidade de vida pesada com o balancete das mil regras formais, percebe uma confusa necessidade de libertação e a procura naquele homem, que parece subverter também as leis naturais e que, à primeira resposta, devasta sua mentalidade conformista: "Como pode um homem nascer de novo, sendo já velho?".[63]

Arriscar "tudo"

As razões deste colóquio remontam certamente à necessidade do homem de buscar a verdade, necessidade que um chefe dos judeus, um fariseu conhecedor da lei, mas acima de tudo

---

[62] O nome "Nicodemos" significa: *vitória-povo*, e é de origem grega. Numerosos elementos a seu respeito são tirados dos Evangelhos apócrifos e, particularmente, do Evangelho assim dito de Nicodemos, no qual se narra a participação de Nicodemos na sepultura de Jesus, juntamente com José de Arimateia. Lê-se que ele proveu os aromas preciosos e abundantes (mirra e aloés) e as faixas e os lençóis. Esteve em contato com a mãe de Jesus e com as outras mulheres (a irmã de Nossa Senhora, Maria de Cléofas e Maria Madalena), e também com o apóstolo João, o único apóstolo que jamais abandonou Jesus durante o calvário, a crucifixão, a sepultura. A seguir, os Evangelhos apócrifos nos indicam Nicodemos entre aqueles que viram Jesus Ressuscitado: o que parece verossímil, tendo Nicodemos agido tão generosamente para o bom êxito da sepultura de Jesus.

[63] Cf. APOLLONI. *Tu, 13º apostolo. Modelli biblici per una spiritualità missionaria*. Leumann (TO): LDC, 1998. p. 103.

de consciência reta, não podia deixar de perceber diante dos ensinamentos e dos prodígios de Jesus.[64]

A decisão de Nicodemos de aproximar-se de Jesus, à noite, ao primeiro impacto aparece, sobretudo, como uma ação "arriscada". Com efeito, com tal gesto ele se aventura muito, se imaginarmos as diversas reações dos membros da sinagoga.

Em todo caso, a "noite" poderia ser interpretada como símbolo da rejeição e escolha das trevas, mas também como desejo de sair delas.[65] João, definitivamente, apresenta Nicodemos como um indivíduo que busca, que deseja mudar; poderíamos dizer, uma pessoa disposta a "ousar". Encontra-se dentro da noite, porque não conhecera ainda Jesus, que é a luz, mas está dando os primeiros passos na direção do Mestre. Nicodemos apresenta-se a Jesus utilizando a expressão verbal: "Sabemos" (Jo 3,2). Usa o plural, apoia-se nas muitas coisas que conhece. Jesus não cai na armadilha de seus discursos sobre o terreno do "saber", das informações seguras, dos elogios: desloca o discurso para a vertente do risco, afirmando que é preciso "nascer do alto".

O líder é chamado a assumir um estilo de gestão na perspectiva de um são e sábio "arriscar". Mas nem sempre se quer aventurar-se: as resistências são múltiplas, e uma das mais constantes é a idade avançada: "Na nossa idade, é impossível mudar!". O diálogo entre Jesus e Nicodemos desautoriza essa falsa justificação: não o convida a "ter uma boa morte", mas a ter a coragem de "nascer ainda outra vez", de recomeçar do zero.

Dir-se-ia que, para Jesus, os cabelos brancos não constituem um obstáculo: Nicodemos fica desconcertado diante da determinação do Mestre. De fato, dá-se conta de não saber mais nada: o

---

[64] Cf. ZINGALE, S. *Nicodemo. Rinascere dallo Spirito*. Roma: Rogate, 2001. p. 16.

[65] Cf. PRONZATO, A. *Tu solo hai parole... Incontri con Gesù nei vangeli*. Milano: Gribaudi, 1993. p. 93ss.

título de "mestre em Israel", que Jesus mesmo lhe reconhecia, ainda que com uma ponta de ironia, agora lhe parece desprovido de qualquer validade; compreende que lhe falta ainda aprender tudo.

Um superior que tem a coragem de "recomeçar", que não se bloqueia diante de discursos sobre a idade, e tem a força de valorizar os membros da própria comunidade, está, de fato, na mesma frequência de onda de Jesus, o qual não se deixou condicionar pelas palavras de Nicodemos, mas foi ao cerne do problema: "Em verdade, em verdade, te digo: se alguém não nascer do alto, [...]" (Jo 3,3).

Nicodemos já não tem palavras, não tem mais direito de fazer discursos sobre tais assuntos, não pode se esconder por trás da idade ou de outras razões. O mesmo vale para todo(a) consagrado(a) que não tem a coragem de enfrentar a renovação, de abrir-se ao futuro, de viver esta maravilhosa estação de graça para a existência consagrada.[66]

Há demasiada ambiguidade nos diálogos acerca da necessidade de "arriscar" ou de "mudar" na gestão da comunidade religiosa. "Nascer de novo – nascer do alto" equivale a "arriscar" na perspectiva do Espírito, que é "sopro" que impulsiona, promove e apoia o caminhar.

A animação de uma comunidade deve levar a pensar a vida consagrada como uma realidade "para além", totalmente a serviço dos interesses "do alto" e não "de baixo". A vida consagrada, certamente, não pode prescindir da realidade contingente, mas deve se colocar a serviço da superação de uma visão utilitarista, para se dedicar completamente aos interesses "do alto". Isto

---

[66] Em contrapartida, a propósito dos consagrados que têm esta coragem, *Partir de Cristo* (n. 9) diz que "cada uma de suas tentativas de renovação traduz-se num novo impulso para a missão evangelizadora. Aprendem a escolher com o auxílio de uma formação permanente, caracterizada por intensas experiências espirituais que levam a decisões corajosas".

não é assim automático e descontado, porque quem dá corpo aos princípios da vida consagrada são pessoas "de carne", com as fraquezas, precariedades, insuficiências e limites próprios da natureza humana.

Ninguém, sozinho, pode superar a experiência carnal: somente se abrindo ao Espírito se pode iniciar o caminho que leva a "nascer do alto" (Jo 3,3), a "nascer da água e do Espírito" (Jo 3,5-8).

Renascer em Cristo

O estilo de um líder é também "renascer em Cristo": é o estilo que provém da graça, visto que o esforço do líder não é suficiente; existe a absoluta necessidade da ação transformadora e regeneradora de Cristo. Antes de qualquer esforço humano para entrar em seu Reino, Deus deve colocar o fundamento de um novo ser do homem, que lhe tornará possível também um comportamento novo.

No colóquio com Nicodemos, emerge como Jesus dispensa as preliminares e vai diretamente ao coração do problema: não usa preâmbulos para falar das "resistências". Dispensa as auto-justificações, a fim de fazer brotar a ação da graça. O Mestre desconcerta o interlocutor e o empurra por estradas impensáveis; encrava-o em assuntos não programáveis, em um terreno no qual ele é tomado por vertigens, e por pouco não consegue mais se recuperar.

Jesus formula uma exigência precisa: "renascer" (= arriscar). Trata-se de favorecer nas comunidades a passagem para o futuro, de recomeçar do zero, de liquidar o passado em tudo o que tem de superado, de inútil e de envelhecido.

O trabalho do superior consiste em ajudar as pessoas a não permanecer prisioneiras da história realizada: muitas vezes é evidente que não se está satisfeito com a própria vida, mas se tem medo de mudar, porque se tem receio de arriscar.[67] Jesus oferece a possibilidade de ser novos, de recomeçar, de partir de outra maneira. A experiência ensina que é belo tentar, experimentar, não deixar cair nenhuma oportunidade, estar dispostos a aprender sempre de novo.

Nicodemos, raciocinando de acordo com os próprios esquemas teológicos, vê unicamente o próprio esforço para subir até Deus com a prática da Lei. Não consegue aferrar a ideia de um Deus que desce até ele. Jesus pretende levar Nicodemos ao campo da gratuidade.

A liderança não é tanto fazer, mas deixar-se fazer. Não o compreender tudo e imediatamente, mas o tentar e tentar outra vez, a coragem de arriscar por uma existência consagrada mais viva e uma vida apostólica continuamente renovada pelo vento do Espírito.

---

[67] "Os desafios mais comprometedores que a formação se vê obrigada a enfrentar provêm dos valores que dominam a cultura globalizada dos nossos dias. O anúncio cristão da vida como vocação, vida que brota de um projeto de amor do Pai e que necessita de um encontro pessoal e salvífico com Cristo na Igreja, deve-se deparar com concepções e projetos dominados por culturas e histórias sociais extremamente diversificadas. Existe o risco de que as opções subjetivas, os projetos individuais e as orientações locais venham a sobrepor-se à Regra, ao estilo de vida comunitária e ao projeto apostólico do Instituto" (*Partir de Cristo*, n. 18).

2

Aspectos psicológicos
da liderança autorizada e afável

Giuseppe Crea

A liderança compromete, em primeira pessoa, quem exercita o serviço da autoridade, sobretudo hoje, que se está sempre à procura de líderes eficazes e capazes de enfrentar as novas emergências das organizações com habilidade e competências apropriadas.

Também no contexto da vida consagrada não basta a boa vontade, mas é preciso uma renovada capacidade de acolher as novas instâncias que provêm do mundo moderno e das situações que interpelam os superiores das comunidades religiosas a encontrar métodos de trabalho renovados, para uma vida consagrada em contínua transformação. Um nó especial desta reflexão diz respeito ao estilo com que os superiores e as superioras das comunidades religiosas gerem as diversas situações comunitárias que se apresentam cotidianamente, na difícil tarefa de equilibrar as exigências, as necessidades, as expectativas das pessoas a eles confiadas e o carisma ou projeto comum do grupo. O trabalho deles, portanto, não é apenas uma questão burocrática ou organizacional, tampouco é questão de eficiência operativa; ao contrário, é a promoção de uma mentalidade nova, renovada, correspondente às exigências atuais dos consagrados.

Diante da contínua mudança do mundo moderno e das novas problemáticas que a vida consagrada vive, o serviço da autoridade exige competências humanas e psicológicas diversas, a serem adquiridas e alimentadas através de um processo formativo sempre mais correspondente às situações reais.

Individuar e reconhecer entre tantos modelos de liderança o que corresponde à própria estrutura de personalidade significa considerar a tarefa da autoridade como um serviço a ser vivido autenticamente para o bem dos irmãos, com o objetivo de refinar as próprias capacidades de guia, motivação e relação.

Com esta perspectiva pedagógica, nas próximas páginas queremos individuar as características psicológicas dos diversos modos de viver a liderança, inspecionando alguns modelos que ajudam a um confronto analógico com o serviço da autoridade na vida consagrada.

Modelos e estilos interpretativos da liderança

Um jeito de observar o serviço da autoridade a partir do ponto de vista psicológico é individuar algumas qualidades que sejam expressivas da personalidade do líder ou da situação na qual ele se encontra a agir. O líder pode ser compreendido como uma pessoa com algumas características de personalidade que se refletem no estilo com o qual ele vive a autoridade, ou como uma pessoa que exercita as funções comportamentais específicas de acordo com as situações nas quais ele se encontra.

A partir desta primeira perspectiva, emerge sobretudo uma concepção unilateral de quem é protagonista da liderança, porque, quer dependa dos traços intrapsicológicos, quer dependa das condições situacionais, seu modo de viver a autoridade parece ser determinado por um único fator. Das definições de liderança aparece claro que a tarefa do líder depende das diversas acentuações propostas, entre características intrapsíquicas, estilo comportamental e dinâmica ambiental. Galimberti afirma que o líder é aquele que tem um "papel de guia baseado em duas escalas independentes de valores: a que diz respeito às capacidades técnicas de coordenação e a relativa à capacidade de ser benquisto".[1] Ao passo que, em outra definição, relacionada de maneira mais específica à tarefa que o líder desenvolve, diz-se que a liderança "é um estado social de uma pessoa na relação entre dois ou mais indivíduos, caracterizado pela possibilidade de influenciar e de guiar outros nesta relação ou grupo, em suas opiniões, juízos, avaliações e decisões".[2]

Com esta introdução, queremos situar o tema da liderança no âmbito da psicologia social, fazendo emergir-lhe as diversas polaridades possíveis, relacionadas tanto às características pessoais que tipificam a pessoa em autoridade quanto às funções que seu comportamento pode ter, bem como, enfim, às situações nas quais ele age. Em tal contexto, queremos ressaltar os diversos direcionamentos para alcançar um modelo que abranja verdadeiramente os diversos componentes necessários para uma liderança eficaz.

Os traços de personalidade e as características do líder

Os primeiros estudos sobre a liderança se concentravam em identificar algumas características e alguns traços típicos de personalidade que pareciam corresponder melhor ao modelo de "líder ideal". Os indícios que pareciam mais associados a

---

[1] GALIMBERTI, U. *Dizionario di psicologia*. Torino: Utet, 1992. p. 449.

[2] ARNOLD, W.; EYSENCH, H. J.; MELI, R. (orgs.). *Dizionario di psicologia*. Roma: Paoline, 1982. p. 140.

uma liderança eficaz eram os da dominância, da afirmação, da sensibilidade social, da inteligência, do espírito de iniciativa, do nível de confiança em si mesmo, com o que o líder podia influenciar de modo significativo o grupo. A busca dos traços típicos do líder ideal levava a identificar quem exerce a autoridade como um "grande homem" ou uma "grande mulher", um tipo de super-homem, com múltiplas capacidades inatas, que fazem parte de sua estrutura de personalidade.[3] Portanto, para que pudesse ter sucesso, era suficiente que o líder possuísse tais características, caso contrário estava votado ao insucesso.

Desse ponto de vista, uma liderança forte era sinônimo de personalidade e de caráter forte, de modo que somente as pessoas que possuíam certas qualidades específicas podiam assumir a tarefa de guia.

Variáveis de personalidade

Ainda que esta maneira de tratar a liderança seja bastante redutiva, porque limitada a algumas características que parecem determinar a eficácia de sua ação, existem, de todo modo, algumas variáveis de personalidade que, sobretudo no âmbito da psicossociologia experimental, parecem particularmente ligadas às funções diretivas.

As habilidades mais correlativas a uma liderança eficaz dizem respeito à esfera cognitiva, ou seja, às habilidades mentais que servem para estruturar cognitivamente o ambiente relacional e para analisar os eventos, de modo a levar em conta todos os fatos ambientais e situacionais presentes. Tais habilidades mentais são compreendidas como capacidade de adaptação e de síntese da parte do líder, para enfrentar, com criatividade e abertura, as

---

[3]   SCILLIGO, P. *Dinamica di gruppo*. Torino: SEI, 1973. p. 264.

diversas situações e para colher eventuais alternativas possíveis, antes de chegar a decisões eficazes.[4] Tal abertura intelectiva permite ao líder ser sensível às necessidades das pessoas que lhe são confiadas, mas também hierarquizar os recursos presentes no ambiente.

Ainda, no campo das variáveis cognitivas, é preciso mencionar a importância atribuída aos fatores da percepção, ao modo com que os membros da comunidade percebem aquele que exercita a autoridade. Com efeito, as pessoas tendem a estigmatizar o comportamento do líder com traços ou características associados aos típicos comportamentos de uma pessoa que tem funções diretivas.

Apelando para a teoria implícita da personalidade,[5] alguns autores levantaram a hipótese de que o comportamento manifestado pelo líder leva a identificar protótipos de liderança e, portanto, a atribuir a determinada pessoa capacidades típicas de um líder.[6]

Os fatores relativos à inteligência, à percepção e aos preconceitos perceptivos são particularmente importantes no estudo da liderança, porque ajudam a considerar o processo de influência social que se chega a determinar, mediante o qual se estabelece um processo de legitimidade, credibilidade e influência do líder no interior do grupo onde ele age.[7]

---

[4]   BECCIU, M.; COLASANTI, A. R. *La leadership autorevole*. Roma: Nuova Italia Scientifica, 1997. p. 35.

[5]   A teoria implícita da personalidade pode ser definida como "a soma global das nossas hipóteses e expectativas acumuladas em torno do modo pelo qual os atributos e os traços dos outros são organizados" (FORGAS, J. *Comportamento interpersonale. La psicologia dell'interazione sociale*. Roma: Armando Editore, 1989. p. 48).

[6]   SCHIETROMA, S.; MASTROMARINO, R. Teorie e ricerche sulla leadership. *Psicologia, Psicoterapia e Salute* 7 (2001) 377.

[7]   Ibid., p. 378.

A partir desta perspectiva, pode-se compreender a importância que tem a variável do contato social, que ajuda o líder a apoiar as atividades do grupo, mantendo relações interpessoais construtivas com as pessoas.

Um líder capaz de abertura social é um líder que agiliza o trabalho do grupo, suscitando também um clima favorável à colaboração e à participação ativa dos outros. Ele veicula interesse e compromisso pela organização grupal, mas também pelas pessoas individualmente, e este é um fator positivo, seja porque gera simpatia em relação a ele, seja porque lhe permite descobrir os recursos presentes no ambiente relacional.

Tal variável de sociabilidade se traduz em atitudes específicas que definem a orientação pró-social do líder. Nesse sentido, o líder orientado positivamente para os outros tem características de sensibilidade, abertura, aceitação das diversidades e consideração pelos outros, com os quais exercita a tarefa de guia, em função das pessoas com as quais se encontra trabalhando.

Todas essas variáveis de personalidade não devem ser consideradas como determinantes e exclusivas da liderança ideal, mas são fatores facilitadores do serviço da autoridade, pelo impacto que têm, positivo e estimulante, sobre o ambiente relacional da comunidade. Por outras palavras: não há um grau de quociente intelectivo, ou um traço de extroversão, ou uma sociabilidade optimal e eficaz que garanta uma liderança eficiente. De qualquer maneira, essas qualidades intrapessoais devem ser consideradas dentro do contexto interpessoal em que o superior se encontra trabalhando,[8] e é esta tomada de consciência das diversas dimensões subjetivas e ambientais que facilita o exercício de uma liderança autorizada e afável.

---

[8]   FRANTA, H. *Atteggiamenti dell'educatore*. Roma: LAS, 1988. p. 61.

Variáveis afetivas

Ao lado das variáveis mentais e intelectuais, mister se faz mencionar também as que dizem respeito à esfera afetiva da personalidade de quem exercita a autoridade, sobretudo aqueles aspectos que constituem a assim chamada maturidade afetiva, compreendida como "capacidade de entrar em contato com a própria experiência, de gerir com responsabilidade as próprias emoções, de postergar as próprias necessidades".[9]

Sem uma conveniente maturidade afetiva, o superior não conseguirá promover relações humanas adequadas no grupo mas, ao contrário, corre o risco de despertar dinâmicas disfuncionais, sobretudo com aquelas pessoas que dentro da comunidade vivem uma condição particular de fragilidade psicológica. Por exemplo: um superior que na comunidade busca primariamente a satisfação das próprias necessidades afetivas, em vez de identificar as dos outros,[10] pode influenciar negativamente os confrades ou as coirmãs que vivem aquelas mesmas necessidades de modo conflituoso. Ademais, se os membros percebem que o líder permite que eles também satisfaçam acima de tudo as próprias carências, sem levar em conta eventuais repercussões sobre o ambiente grupal, acionará dinâmicas interpessoais fraudulentas, que não são funcionais ao crescimento do grupo.[11]

Portanto, quanto mais o líder estiver consciente das próprias experiências emotivas e em condições de controlá-las, mais lhe será possível entrar em relação com os outros de modo sincero, flexível e disponível ao confronto. Diferentemente, se não for

---

[9] BECCIU; COLASANTI, *La leadership autorevole*, p. 36.

[10] Por exemplo, a necessidade de reforçar a autoestima, ou de ser compreendido e acolhido, ou, ainda, a necessidade de autorrealização nos serviços que desempenha fora da comunidade etc.

[11] RULLA, L. *Psicologia del profondo e vocazione. Le istituzione*. Torino: Marietti, 1976. p. 53.

equilibrado no nível emotivo, poderá ter distúrbios relacionais no grupo e ser incapaz de afirmar a própria respeitabilidade de modo funcional e aceitável pelos outros.[12]

A tentação de poder identificar também na esfera emotiva uma lista de qualidades "universais", correlatas a uma imagem de liderança ideal e aptas a todas as estações e a todas as situações, pode levar a pensar o serviço da autoridade como um conjunto de qualidades afetivas específicas, que algumas pessoas possuem por natureza e por isso estão destinadas a uma posição de comando. A consequência de tal concepção pode ser identificada num duplo nível: por um lado, os membros da comunidade tendem a identificar-se com uma figura de líder ideal, que possui características especiais, a quem eles pedem a responsabilidade de realizar um projeto comum; por outro lado, quando o superior descobre não estar à altura de poder gerir situações interpessoais complexas, sentir-se-á impotente, porque percebe que a imagem que ele tinha de si ou que os outros lhe haviam atribuído era demasiado idealizada e distante da realidade. Tal visão "determinística" da liderança, que vê no superior uma pessoa "inoxidável" em seu caráter e em suas qualidades, de um lado favorece nas pessoas uma atitude de passividade e de idealização e por outro lado "obriga" o superior a ser exigente consigo mesmo, no gerir a autoridade em cada condição e para além das próprias forças.

No entanto, é verdade que, às vezes, e por várias razões objetivas,[13] acontece de haver a necessidade de superiores eternos, fortes e capazes, porque dotados de características de personalidade particularmente relevantes na gestão de algumas situações comunitárias. Entretanto, os estudos acerca da liderança nos

---

[12] BECCIU; COLASANTI, *La leadership autorevole*, p. 36.

[13] Por falta de pessoal, por carência de disponibilidade da parte de outros, porque é o único capaz em alguns contextos etc.

indicam que está superada a ideia de que existam algumas características reconhecidas como universalmente válidas, a fim de poder prever que determinada pessoa poderá ter sucesso como superior. É mais provável, ao contrário, que haja diferenças individuais no modo de mediar os próprios estados afetivos e de viver a própria maturidade afetiva, que são particularmente respeitantes ao exercício da autoridade, sobretudo se forem refinadas e adaptadas às diversas situações nas quais o líder age. Desde modo, podemos considerar a autoridade como um serviço global de múltiplas dimensões envolvidas, seja na estrutura de personalidade de quem exercita a autoridade, seja no ambiente no qual ele age.[14]

Estilos de liderança

Outra abordagem importante, a fim de compreender diversos fatores individuais que influenciam as ações do líder, diz respeito ao estilo que é adotado no exercício da tarefa da autoridade. Entre os tantos modelos que foram examinados pela literatura sobre a liderança, referimo-nos de modo especial a alguns que são particularmente atinentes para nosso trabalho sobre a liderança na vida consagrada, na medida em que é possível aplicá-los de modo analógico também à figura do superior que exercita a tarefa da autoridade em uma comunidade religiosa.

Para tal propósito, são particularmente úteis três estilos de liderança, individuados por alguns autores,[15] correspondentes às características comportamentais específicas que o líder explicita através de seu modo de exercer a autoridade.[16] Trata-se da

---

[14]   RULLA, L. *Psicologia del profondo e vocazione*, p. 54.

[15]   LEWIN, K.; LIPPITT, R.; WHITE, R. Patterns of aggressive behavior in experimentally created "social climates". *Journal of Social Psychologoly* 10 (1939) 272.

[16]   BECCIU; COLASANTI, *La leadership autorevole*, p. 15.

liderança autoritária, democrática e do *laissez-faire*. O superior autoritário exerce um forte controle sobre o grupo, fornece direção de modo claro às dinâmicas internas do grupo, confere eficiência e produtividade ao grupo, mas, quando sua modalidade de exercício da autoridade é centrada unicamente neste estilo, corre o risco de limitar fortemente a participação dos membros nas diversas fases do processo de gestão e de decisão.

Diferentemente, o líder democrático oferece orientação dando aos membros a possibilidade de participar responsavelmente dentro do grupo, de modo particular no que diz respeito ao processo de tomada de decisão e de colaboração com vistas aos passos a serem dados rumo a objetivos comuns. Inicialmente, tal estilo colaborativo pode redundar em prejuízo da eficiência do grupo, sobretudo quando o superior deve esperar e respeitar os tempos de todos. Mas, quando se alcança um nível de responsabilidade positivo, todos os membros se sentem corresponsáveis pelas escolhas do superior.

Por fim, o estilo do *laissez-faire* diz respeito à modalidade com a qual o líder renuncia ao controle em relação às pessoas que lhe são confiadas e cede amplo espaço para que elas se autodeterminem dentro do grupo. Esse estilo põe ênfase na partilha e na coparticipação de todos, mas às vezes prejudica a eficiência do trabalho a ser executado, de modo especial se falta uma impostação de síntese grupal.

A aplicação unilateral de tais estilos (isto é, quando o superior tende a ser eminentemente autoritário, ou deixa que os outros ajam como querem e renuncia a tomar decisões, ou, ainda, se confia à participação democrática de todos) leva a absolutizar os comportamentos relativos a determinado estilo e não deixa espaço a possíveis alternativas, quando existem exigências diferentes nas pessoas, ou quando surgem mudanças estruturais no grupo ou na instituição. Por exemplo: um estilo autoritário enfatizado, no qual se põe em relevo apenas o que diz e exige o líder, ainda que confira segurança e direção ao grupo, corre o risco de reduzir a riqueza da contribuição interpessoal. Ao passo que, quando em comunidade se adota unicamente o estilo *laissez-faire*, com o que se confia muita responsabilidade aos membros da comunidade, há o risco de conceder excessiva liberdade decisória ao grupo, o que pode levar as pessoas a uma situação de confusão e desorientação.[17] Certamente, as convicções que o líder tem (ser autoritário, deixar correr ou acolher democraticamente a contribuição de todos) se refletem no modo pelo qual ele age e nas escolhas que faz, modificando o campo de interação com o ambiente. O líder, portanto, não está ali simplesmente para influenciar o grupo em sentido único, através do estilo de liderança que adota, contudo sua relação com o ambiente repercute também em seu jeito de ser guia para o grupo que lhe foi confiado.

Confrontando os três estilos, a literatura sobre a liderança tende a valorizar a contribuição deles de maneira diferente. O tipo autoritário tem uma modalidade de gestão das relações dentro da organização que não é adequado e não é satisfatório para a colaboração do grupo, ao passo que é proposicional em relação à tarefa do grupo. Diferentemente, o tipo participativo tende a organizar o melhor possível os recursos presentes no ambiente, de modo particular no âmbito da organização do trabalho e na tomada de decisões. Por essa razão parece particularmente idôneo para desenvolver melhor produtividade nos membros do grupo, facilitando a desenvolução de suas qualidades individuais.[18]

---

[17] A isto é que Rulla chama "santa uniformidade" e "santo personalismo", referindo-se respectivamente à liderança autoritária e à permissiva (*Psicologia del profondo e vocazione*, p. 59).

[18] BECCIU; COLASANTI, *La leadership autorevole*, p. 17.

Além destes estilos, as pesquisas efetuadas mais diretamente em torno das funções da liderança identificaram, de modo particular, duas dimensões que parecem resumir as tendências comportamentais de fundo do líder e também o comportamento dirigido à tarefa ou aquele voltado para o ambiente afetivo do grupo.[19] No primeiro modo de viver a liderança, o superior dá prioridade à alta produtividade e às coisas a serem feitas de modo eficiente, enquanto no segundo ele se concentra no bom clima de trabalho dentro do grupo. Dessa maneira, porém, o comportamento de liderança não está centrado unicamente nas capacidades e nas características da pessoa que exerce a autoridade, mas engloba as interações entre traços de personalidade e contingências da situação em que age. Com efeito, o líder que concentra sua ação na produtividade é aquele que estimula o grupo para a consecução das tarefas e dos objetivos propostos, enquanto, ao contrário, o líder que está fundado no clima do grupo se ocupa, particularmente, com a situação afetiva e relacional do grupo.

Posto que com diversas acentuações, nesta mesma linha encontramos duas ulteriores dimensões que caracterizam o comportamento do líder, à medida que acentue a atenção sobre a estima ou sobre a promoção da estrutura.[20] O fator de estima diz respeito ao comportamento do superior que se interessa e está envolvido afetivamente com os outros, oferecendo tranquilidade e apreço afável em relação a todos os membros do grupo, incluídas as minorias ou os subgrupos presentes, com o objetivo de conservar um clima emotivo positivo entre as pessoas. Em contrapartida, o fator relativo à promoção da estrutura diz respeito ao comportamento do líder centrado no rendimento laboral

---

[19] SCILLIGO, *Dinamica di gruppo*, p. 265.

[20] SCHIETROMA; MASTROMARINO, Teorie e ricerche sulla leadership, p. 370.

do grupo, de modo particular quando enfatiza a realização da tarefa prevista para o grupo.

Apesar de, com seu comportamento, o líder ter predileção ora por uma, ora por outra das duas dimensões (estima interpessoal e promoção de estrutura), também aqui não é possível afirmar qual das dimensões assegura uma liderança eficaz. Os diversos tipos de liderança descritos até agora estão ligados aos comportamentos, às convicções ou aos estilos específicos com que o líder gerencia o ambiente externo. Poderíamos definir-lhes abordagens unidirecionais, cujo objetivo de fundo seria estabelecer a superioridade de um modelo sobre o outro.

O modelo que parece garantir maior produtividade e colaboração no grupo é o que leva em conta tanto as estratégias que orientam o grupo com vistas à obtenção dos objetivos quanto a participação e o contato interpessoal que se realizam através da estima e do respeito recíprocos.[21]

Ao mesmo tempo, observamos ainda uma vez como é difícil que um único estilo possa diferençar o bom líder do líder ineficaz. É preciso, antes, que o superior saiba fazer uma síntese das diversas dimensões enumeradas, entre execução da tarefa e vida afetiva, entre apreciação das pessoas e promoção da estrutura, com uma ótica sempre mais abrangente dos múltiplos fatores que influenciam quer a pessoa que exercita a autoridade, quer o grupo e o ambiente que interagem com ela.

Liderança e poder

Outro fator a ser levado em consideração em nossa reflexão sobre o significado do estilo adotado por quem exerce a tarefa da autoridade é o do poder com o qual o superior reforça os

---

[21] BECCIU; COLASANTI, *La leadership autorevole*, p. 23.

comportamentos positivos e pune os comportamentos negativos. As diversas possibilidades de punir (poder coercitivo) ou de recompensar (poder de recompensa) "oferecem ao líder um poder enorme, à medida que não deixam aos outros alguma alternativa de comando",[22] portanto não deixam nenhuma possibilidade de refutar o estilo afirmado pelo líder. De acordo com alguns estudos feitos sobre o tema, do tipo de poder que o líder detém depende sua capacidade de agir de modo eficaz no grupo.

De modo particular, em um estudo aprofundado de Kipnis acerca do efeito que o poder tem sobre quem exercita a autoridade, revelou-se que, quando alguém "usa" o poder para afirmar a si mesmo ou ao próprio papel, em detrimento dos outros, instaura-se uma dinâmica de submissão desvalorizadora em relação às pessoas; ao passo que, quando existem condições adequadas, a "gestão do poder faz aumentar o senso de participação humana e a capacidade de compreensão de uns para com os outros".[23]

Referindo-se à vida consagrada, isso significa que, quando o superior exerce o poder que deriva do papel oficial que tem, é importante que leve em conta a influência direta ou indireta que exerce sobre as pessoas que o circundam, bem como as dinâmicas comunitárias que podem levar a instrumentalizar o poder para finalidades que não são a colaboração e o conseguimento dos objetivos comuns.

Concepção situacional do serviço da autoridade

Na concepção situacional, a liderança desloca a atenção da personalidade e dos comportamentos do líder para as condições situacionais e para as funções necessárias para realizar os obje-

---

[22] MANENTI, A. *Vivere insieme*. Bologna: Dehoniane, 1991. p. 100.

[23] GERGEN, K. J.; GERGEN, M. M. *Psicologia sociale*. Bologna: Il Mulino, 1990. p. 345.

tivos do grupo. Para uma liderança que leve em conta os fatores situacionais, é preciso que o superior leve em consideração os diversos componentes do grupo e do ambiente, dos valores das atitudes que caracterizam as pessoas, portanto, e que são necessários para a consecução dos objetivos.[24] Sob essa ótica, o superior não é tanto aquele que é capaz de resolver todos os problemas da comunidade que lhe é confiada, mas, antes, aquele que exercita sua autoridade considerando as metas do grupo, fazendo com que todos participem das atividades que estão direcionadas a alcançar tais objetivos comuns.

Tendo em mente que os objetivos de um grupo podem variar de uma situação a outra, isto implica que também as características exigidas do líder não são as mesmas de uma situação a outra. Tal adaptação situacional da liderança é muito atual no contexto da vida consagrada, sobretudo quando o superior se encontra no dever de levar adiante uma multiplicidade de atividades que exigem não somente competências diversas, mas também uma capacidade de adaptação de seu papel com base na avaliação das funções a serem assumidas nas diversas situações. É o caso, por exemplo, daqueles superiores que são, contemporaneamente, animadores da própria comunidade religiosa e responsáveis pelas obras de caridade do próprio instituto, onde exercitam o papel da autoridade, adaptando-se às atividades que melhor correspondem à realização delas.

Posto que a concepção situacional leva a individuar um tipo de "especialização" da liderança de acordo com as situações de referência, percebe-se o risco de certa fragmentação desgastante nas diversas intervenções diretivas, sobretudo quando quem administra a autoridade desperdiça as próprias energias na tentativa de encontrar funcionalidades diversas para objetivos diferentes a ser alcançados.

---

[24] SCILLIGO, *Dinamica di gruppo*, p. 275.

A abordagem interagente para uma liderança eficaz

Nem sempre os traços da personalidade ou as características da situação podem, sozinhas, ser suficientes para garantir uma liderança eficaz nos grupos e nas organizações. A abordagem interagente que desejamos examinar agora nos permite dar mais um passo adiante a fim de integrar as influências subjetivas e interpessoais que entram em campo quando o líder se depara com situações grupais nas quais deve tomar decisões ou, seja como for, exercitar, em vários níveis, a tarefa da autoridade. Nesse caso, a liderança é concebida como uma troca de influências recíprocas entre o guia e os membros do grupo de referência.

Relacionando tal abordagem à vida consagrada, podemos afirmar que o superior aciona, de maneira propositiva, o serviço da autoridade a fim de gerir a situação ambiental, à medida que se deixa influenciar pelo ambiente comunitário. Com efeito, no exercício de seu papel, ele influencia as pessoas e é por elas influenciado, e esta reciprocidade entre líder e grupo forma um processo de modelação contínuo entre quem exercita a autoridade e quem a ela está "subordinado". Ambas as funções interativas, de influência e de poder, estão ligadas às características daquele que influencia, mas também de quem é influenciado, visto que, como afirma Rulla, "a influência é um poder em ação, ao passo que o poder é uma influência latente".[25]

Partindo desta perspectiva, as modalidades da liderança são explicitadas através da permuta de *input* e *output* com o ambiente. Se o superior dá ao grupo, facilitando a consecução das metas comuns e ajudando as pessoas a encontrar satisfação e sentido no trabalho comum, os membros retribuem através do reconhecimento de seu papel, conferindo-lhe, assim, estima e poder. As habilidades e os atributos do líder, portanto, ajudam

---

[25] RULLA, *Psicologia del profundo e vocazione*, p. 66.

o grupo a ter uma percepção positiva da legitimidade de sua autoridade.[26]

O que significa dizer que a liderança é legítima? Quer dizer que não basta ser eleito ou ter recebido uma investidura oficial para ser reconhecido de modo eficaz no grupo; é preciso que o líder seja competente em suas habilidades e em suas motivações. Aliás, alguns estudos demonstraram que também um líder mediocremente capaz, mas percebido como motivado e interessado nas questões do grupo, consegue manter seu status.[27]

Portanto, a interação entre habilidade e exigências do grupo é fundamental para estabelecer uma liderança que seja verdadeiramente incisiva no ambiente. Se, inicialmente, os membros de um grupo podem ser exigentes em relação ao próprio superior, por outro lado, o líder pode exercitar sempre maior influência se souber acolher e valorizar a mediação e a contribuição deles. Quando esta interação entre liderança e grupo é estável, quando, portanto, o líder e o grupo se percebem reciprocamente importantes e "úteis", o superior pode agir com mais afirmação, mesmo quando deve tomar decisões e fazer escolhas que não estão em sintonia com a vontade de alguns membros do grupo.

A validade da liderança contingente

Um modelo bastante explicativo da integração entre os traços do líder e as motivações ambientais é o da liderança de Fiedler.[28] Esse modelo se baseia no fato de que a eficiência do

---

[26] HOLLANDER, E. P.; JULLIAN, J. W. Studies in leader legitimacy, influence, and innovation. In: BERKOVITZ (ed.). *Advances in Experimental Social Psychology.* New York: Academic Press, 1970. v. 5, p. 35.

[27] SCILLIGO, *Dinamica di gruppo*, p. 277.

[28] FIEDLER, F. E. *A Theory of Leadership Effectiveness.* New York: McGraw-Hill, 1967.

grupo depende da coincidência funcional entre líder e situação do grupo. Há líderes que são funcionais em algumas situações, mas não em outras, e essa eficiência deles é devida à possibilidade de que possam efetivamente exercitar sua influência no ambiente a eles confiado. Em outras palavras: a liderança eficaz desse modelo depende da combinação de traços particulares de personalidade do líder e de traços particulares situacionais do ambiente no qual ele age. Assim, distanciamo-nos sempre mais da ideia do líder super-habilitado, capaz de agir magicamente em qualquer contexto porque possuidor de qualidades especiais ou de estilo comportamental onicompreensivo, que o tornam eficiente e eficaz.

Ainda que, inicialmente, também neste modelo se tendia a diferenciar os líderes que se preocupavam com o rendimento eficaz daqueles que enfatizavam as relações interpessoais, a abordagem da contingência permitiu detalhar melhor as diversas variáveis do cenário do grupo, especificando como a eficiência da liderança não depende somente das qualidades do líder, mas do entretecimento de diversos fatores subjetivos e situacionais.[29] O modelo se apoia essencialmente em três dimensões: a estrutura e a clareza da tarefa a ser executada, o poder do líder sobre os membros do grupo e a existência de boas ou más relações entre o líder e o grupo.

No que diz respeito à primeira dimensão, a pessoa que exerce a autoridade pode influenciar os outros que lhe são confiados se a situação do grupo for favorável à sua intervenção. Isso significa que é preciso ver de que maneira as tarefas estão estruturadas e categorizadas, a fim de que as normas indicadas ou as decisões tomadas pelo superior coincidam com o conhecimento do rendimento exigido. "Quanto mais estruturada for a tarefa, tanto

---

[29] SCHIETROMA; MASTROMARINO, Teorie e ricerche sulla leadership, p. 372.

melhor poderá ser programada e, portanto, mais fácil para o líder exercitar seu poder."[30]

A outra dimensão a ser levada em conta é a que se relaciona ao poder do líder sobre o grupo, que compreende a possibilidade de recompensar ou punir o grupo, e o apoio que recebe, em contrapartida, no exercício da autoridade. O fato de possuir uma autoridade formal reconhecida pode ser útil à medida que corresponde às exigências da realidade na qual o líder desenvolve seu trabalho.

A terceira dimensão é a das relações afetivas entre o líder e os membros do grupo. O líder benquisto e aceito pelo grupo precisa de menos poder formal e obtém mais facilmente a colaboração dos outros.

Ao recolher essas diversas dimensões, parece emergir que os grupos guiados por líderes que põem a ênfase na tarefa a ser executada desenvolvem melhor suas funções em situações difíceis, em que é preciso ter um alto controle, e a concentração deles na tarefa imediata é essencial. Ou, ainda, em situações muito favoráveis, nas quais o controle e a previsibilidade do grupo são muito baixas, e as relações interpessoais são boas ou, de qualquer maneira, não precisam ser melhoradas. Ao passo que os grupos que são guiados por líderes centrados na relação afetiva desenvolvem melhor sua tarefa em situações difíceis e conflituosas, em que o controle e a previsibilidade são moderados, enquanto são prioritárias as relações e a atenção interpessoal.[31]

A explicação de tais diferenças pode ser buscada também nas motivações ordinárias da vida cotidiana, acima de tudo se nos referirmos à vida religiosa. Quando os membros de uma

---

[30] SCILLIGO, *Dinamica di gruppo*, p. 279.
[31] SCHIETROMA; MASTROMARINO, Teorie e ricerche sulla leadership, pp. 372-373.

comunidade se encontram diante de uma tarefa clara, espera-se que o superior intervenha a fim de estabelecer o que fazer e para conferir estrutura à realização de tal tarefa. Ademais, quando quem exerce a autoridade estabelece de modo adequado as funções que os diversos membros devem desempenhar dentro do grupo, ele será aceito e seguido pelas pessoas que lhe são confiadas. Diferentemente, se sua intervenção for inadequada e pouco incisiva, ele perde a confiança e a consideração positiva por parte do grupo.

Quando, ao contrário, o grupo não possui afazeres estruturados, e duvida dos meios para realizá-los, as ordens claras dadas pelo superior são vistas como secundárias, enquanto se adverte principalmente à exigência não só de diálogo e de escuta, mas também de atenção aos sentimentos das pessoas. Nesse caso, portanto, o grupo espera que o líder esteja menos atento às tarefas e mais sensível às relações.

Essas indicações confirmam a importância de uma concepção multidimensional e de adaptação propositiva da liderança. Parafraseando o que afirmam Becciu e Colasanti acerca da liderança autorizada,[32] poderíamos dizer que não existe um estilo unívoco de liderança que seja resolutivo para todas as situações comunitárias, mas exige-se do superior uma capacidade de adaptação às contínuas situações que o interpelam. Por exemplo: quando o grupo passa de uma situação estruturada com tarefas claras para uma situação de incerteza e de confusão, cabe ao líder conjugar, ao lado das próprias habilidades e do próprio estilo, as condições que o grupo está vivendo naquele momento.[33] Em relação à experiência da vida fraterna em comunidade, basta pensar nas condições em que o grupo deve enfrentar situações novas, que podem desestruturar a comunidade – por exemplo: a

---

[32] BECCIU; COLASANTI, *La leadership autorevole*, p. 26.

[33] SCILLIGO, *Dinamica di gruppo*, p. 283.

requalificação dos compromissos pastorais ou das estruturas do instituto, ou a presença de pessoas de culturas diversas. Nesses casos, é necessário que o superior saiba adaptar as próprias intervenções, alterando a orientação para a tarefa, quando, por exemplo, deve compactar o grupo em torno de um projeto comum, com a orientação para as condições afetivas do grupo, quando deve prestar atenção aos aspectos relacionais da comunidade.

As dimensões evidenciadas pelo modelo da contingência, particularmente a do líder orientado para a tarefa e a do líder orientado para o ambiente socioemotivo, são difíceis de conciliar na mesma pessoa.[34] Todavia, no contexto da vida consagrada, é importante que o serviço da autoridade se traduza nesta capacidade de adotar ora uma, ora outra das dimensões, assegurando uma guia autorizada, se é necessário que o grupo tenha tarefas específicas a ser executadas, ou uma liderança afável, quando é importante facilitar um clima amigável na comunidade.[35]

Portanto, a validade das intervenções de quem exercita a autoridade é contingente e está condicionada pelas situações em que a comunidade se encontra, a que o líder deve saber prestar atenção, a fim de que suas intervenções sejam congruentes com as necessidades reais, sabendo colher os recursos presentes no ambiente.

Para uma abordagem integral da compreensão da liderança

Sublinhamos como as teorias centradas de modo unidirecional nas qualidades da pessoa do líder, ou centradas unicamente na situação externa do grupo ou da instituição, não podem ser

---

[34] FORGAS, *Comportamento interpersonale. La psicologia dell'interazione sociale*, p. 286.

[35] BECCIU; COLASANTI, *La leadership autorevole*, p. 25.

resolutivas para uma liderança eficaz. Diante da complexidade atual da vida fraterna em comunidade e da renovação da vida consagrada em geral, também o serviço da autoridade necessita de uma profunda mudança que aproveite de uma nova consciência de si e dos outros. A abordagem integral da liderança permite levar em consideração os aspectos funcionais que incidem sobre os comportamentos do superior, de modo particular em relação às características da pessoa que exerce a autoridade, ao grupo em que ela age e aos recursos do contexto, integrando-os com algumas categorias comportamentais que definem o nível de contato entre líder e comunidade.

As experiências que o líder vive dentro da comunidade exigem um justo equilíbrio entre os objetivos comuns e o clima fraterno a ser criado. Com frequência o superior é chamado a facilitar a obtenção dos fins partilhados, às vezes mediante o diálogo e a escuta recíprocos, outras vezes assumindo a responsabilidade pelas próprias escolhas. Nesse sentido, sua presença tem um caráter educativo, seja porque ajuda os membros a descobrir continuamente as motivações profundas de sua consagração,[36] seja porque apoia o grupo, com sua orientação autorizada e afável, incentivando-o a prosseguir juntos rumo à realização do projeto comum.

Por conseguinte, sua função de guia não pode ser garantida por critérios generalizáveis, típicos de uma liderança extraordinariamente eficiente, como pode acontecer em outros contextos organizacionais (no local de trabalho, nos grupos de discussão, na propaganda etc.). Ao contrário, ela se fundamenta na descoberta pedagógica do bem comum e na coordenação dos recursos e das potencialidades presentes no grupo, na direção de um projeto partilhado. O apoio que o superior oferece dentro da comunidade não substitui a corresponsabilidade dos membros nem lhes delega as decisões a ser tomadas. Tem, antes, um valor

---

[36] *A vida fraterna em comunidade*, n. 50.

de sustentáculo no crescimento comum sob a égide de sua autoridade pedagógica.

O superior que defende sua comunidade no apoio afetivo ou que a precede quando deve mostrar o caminho é reconhecido como pessoa que possui competências adequadas, normativas e reguladoras, portanto é aceito e seguido em seu papel.

Para chegar a isso, é preciso que ele seja um guia digno de crédito através de intervenções orientadoras e reguladoras que sejam compreendidas e partilhadas pelos outros e, ao mesmo tempo, com sua liderança afável, estabeleça um clima afetivo positivo, através de relações autênticas que geram autenticidade. Essas duas dimensões não devem mais ser consideradas como traços consistentes unidirecionais aos quais é atribuída uma causalidade linear. Ao contrário, são categorias globais, cujos vestígios, comportando variáveis pessoais, fatores situacionais e caracteres transacionais, especificam a qualidade do contato do líder com as pessoas que lhe são confiadas.[37]

Em outras palavras: a autoridade eficaz do superior não é feita de um traço pessoal ou de um estilo dominante, mas é uma modalidade interpessoal, que engloba as diversas variáveis intervenientes ao longo do processo relacional entre o líder e o grupo, no qual os membros do grupo reconhecem o apoio oferecido pelo líder e estão dispostos a colaborar para as escolhas que ele faz.

Características de um guia autorizado, que mostra a direção

Vejamos agora algumas características que distinguem as qualidades processuais operativas de um guia respeitado e

---

[37] FRANTA, H. *Relazioni sociali nella scuola. Promozione di un clima umano positivo*. Torino: SEI, 1985. p. 91.

acolhedor.[38] Antes de mais nada, é necessário que o superior saiba fazer a síntese das diversas polaridades presentes em seu modo de exercer a autoridade no grupo, tais como a da autoridade *versus* liberdade, negação *versus* permissividade, evitando, de tal modo, o risco da atitude unilateral que o leva a absolutizar algumas unidades intrapsíquicas ou situacionais, sem levar em conta as diversas condições que necessitam de uma atitude de adaptação propositiva.

Isso significa que, diante das diversas situações em que ele se possa encontrar, em vez de se refugiar em comportamentos dicotômicos extremos – segundo o estilo do "ou tudo, ou nada" e "ou branco, ou preto" –, que são resolutivos para impor normas, mas não para acolher as diversas instâncias presentes no grupo, será sensível e estará atento às diferentes posições de cada um ao longo das polaridades emergentes.

Portanto, é preciso que o líder esteja consciente de ser um guia para o grupo, sem falsa humildade ou delegação de qualquer espécie, reconhecendo que a "superioridade" de seu papel serve para permitir um confronto construtivo com as pessoas da comunidade. Muitas vezes acontece que os que exercitam a tarefa da autoridade apresentam mil justificações diante da responsabilidade exigida: "não sou capaz disso, não sou a pessoa indicada, os outros são melhores do que eu etc.", confirmando, por um lado, a impotência para gerir situações comunitárias efetivamente complexas e, por outro, a dificuldade em encontrar motivações suficientes para realizar a tarefa que lhes foi assinalada.

A tarefa da autoridade é um serviço que envolve quem o presta, porque compromete o líder a estar presente sem, porém, ocupar o lugar do grupo, com uma moderada atitude propositiva e estimulante, a fim de permitir que os demais deem respostas

---

[38] Id., *Atteggiamenti dell'educatore*, pp. 57-59.

de colaboração de acordo com os tempos e as possibilidades de cada um, incentivando o desenvolvimento de suas motivações primárias na participação, na comunicação e no agir.[39] Por exemplo: um superior que, em uma comunidade de anciãos, limita-se a algumas exortações piedosas, mas, a seguir, nada mais propõe porque constatou que ninguém se interessa por suas iniciativas, pode se perguntar se suas propostas estão sintonizadas com o ambiente que o rodeia e com os recursos, em todo caso, presentes nos coirmãos a que ele é chamado a guiar. Isso significa que, em qualquer contexto, quem exerce o papel da autoridade deve confrontar seu modo de ser guia com as experiências e com os meios das pessoas que lhe foram confiadas, de modo a suscitar respostas positivas e de colaboração.

Outro princípio que deve ser sublinhado é o da dialogicidade na relação entre superior e comunidade. Ele se concretiza no encontro autêntico entre as pessoas, em clima de proximidade e de reciprocidade, que permite considerar cada um em sua individualidade e na responsabilidade em alcançar metas comuns.[40] O critério da dialogicidade permite ao superior e aos membros interagir como pessoas portadoras de experiências, mediante um confronto autêntico e sincero, em que a correção fraterna se torna experiência de vida e não de desvalorização mútua, e o discernimento não é substituído por máscaras de teatro ou por formas convencionais de comunicação. O objetivo de tal abertura dialógica é chegar ao consenso sobre realizações e sobre o agir comum, a fim de que cada um entre em contato com a verdade do outro, com suas necessidades e suas exigências. Certamente, dialogicidade não significa ausência de conflitos ou de atritos, mas obtenção de consenso por meio de um encontro interpessoal

---

[39] Id., *Relazioni sociali nella scuola. Promozione di un clima umano positivo*, p. 94.

[40] Id., *Atteggiamenti dell'educatore*, p. 58.

que leve em consideração o sofrimento e o sacrifício, às vezes necessários, para harmonizar as diferenças de cada um.

Por fim, deve-se sublinhar como a orientação do superior deve levar em consideração os diversos aspectos psíquicos que caracterizam cada uma das pessoas que compõem o grupo, seus tempos e sua história, suas potencialidades e suas inconsistências. Isso significa que o trabalho de orientação deve necessariamente sintonizar-se com o respeito e o conhecimento recíprocos, mais do que com a imposição constritiva.

Todas essas características do líder, compreendido como guia autorizado, se concretizam na capacidade assertiva que mostra a direção às diversas instâncias do grupo. Assim, quem exerce a autoridade caracteriza sua tarefa como serviço porque leva em consideração as pessoas a quem serve, e porque a atenção aos outros não é, para ele, um fato magicamente adquirido, mas, antes, uma realidade fundada em uma autêntica consciência de si e dos outros.

A dimensão afetiva e afável da liderança

Enquanto a dimensão de guia autorizado, que mostra a direção, é vista sob o aspecto das competências, a dimensão afetiva diz respeito, de modo específico, ao aspecto socioafetivo, portanto ao contato emocional que se estabelece entre quem exerce a autoridade e o grupo.[41] A primeira consideração a ser feita a esse respeito é a de que o envolvimento afetivo do superior no grupo leva-o a ver o outro como pessoa de valor, portadora de riquezas a ser descobertas através do contato interpessoal. Ademais, o aspecto socioafetivo supõe uma proximidade que seja física e real, mais do que teórica e ideal. Como é possível sentir, no nível afetivo, a presença do outro como pessoa de valor

---

[41] Id., *Relazioni sociali nella scuola. Promozione di un clima umano positivo*, p. 93.

a ser amada e servida mediante a tarefa da autoridade, se tal presença não é experimentada em tempos e espaços reais? Aqui está por que é importante falar de contato real, de encontro no qual é possível também se encontrar,[42] mas onde tal encontro só é possível quando se tem claros os objetivos comuns.

A dimensão afetiva tem efeitos concretos para instaurar um clima relacional de compreensão e de confiança recíprocas. Com efeito, atitudes emocionais positivas suscitam, tanto no líder quanto no grupo, outros sentimentos positivos. Em uma comunidade onde o superior teme se relacionar com as pessoas, suscitará uma recíproca reação de medo, de submissão, ou resistência por parte dos outros. Diferentemente, se sua atitude for respeitosa e acolhedora, será correspondido por atitudes semelhantes por parte dos membros da comunidade.[43]

Além do mais, a possibilidade de um clima afetivo positivo contribui para um abertura mútua e, portanto, para a autoexposição e confronto com a emotividade do outro. Se o superior leva em conta tal aspecto, contribuirá concretamente para facilitar uma progressiva abertura dos outros no contexto relacional. Quando, ao contrário, ele percebe que, na comunidade, as pessoas não manifestam seus estados emocionais, pode se interrogar se e de que maneira ele mesmo facilita tal estilo defensivo nas relações interpessoais, confrontando-se de modo diferenciado com determinados comportamentos dos membros e exercitando-se para adquirir uma percepção de si e dos outros mais autônoma e distanciada das dinâmicas comunitárias disfuncionais.[44]

---

[42] "O componente afetivo influencia muito no exercício da autoridade e no consequente tipo de relação interpessoal, e pode chegar a criar um clima instável, mediante o que se tem uma passagem fácil da amizade à antipatia, da confiança à suspeita, do tratamento respeitoso às reações tempestuosas" (GIORDANI, B. *La donna nella vita religiosa*. Milano: Àncora, 1993. p. 292).

[43] FRANTA, *Atteggiamenti dell'educatore*, p. 78.

[44] Id., *Relazioni sociali nella scuola*, p. 75.

Outro critério operativo da dimensão afetiva é dado pela incidência que a experiência emocional do líder pode ter sobre situações negativas vividas pelos indivíduos. Às vezes acontece que algumas situações difíceis, relativas ao caráter, parecem sacudir negativamente o tecido comunitário,[45] e justamente o superior se pergunta sobre o que fazer diante das fragilidades psicológicas dos coirmãos. Alguns estados emocionais negativos, presentes nos membros da comunidade, como ansiedade, insegurança, baixa autoestima, podem ser desarmados mediante uma afetividade positiva e propositiva da parte do superior.[46]

De modo particular, quando, em um clima comunitário difícil, começam a emergir sentimentos positivos entre os coirmãos, é importante que o superior saiba aperceber-se para valorizá-los e reforçá-los no contexto da vida comum. Com tal sensibilidade propositiva, ele será capaz de perceber como, nas pessoas que lhe foram confiadas, existe sempre uma margem de positividade a ser expressa e partilhada. Dessa maneira, ele estará propenso a considerar os outros como pessoas de valor e, por conseguinte, portadoras de diferenças que são riquezas a ser valorizadas e amadas, mesmo quando são pessoas de caráter difícil, ou de coirmãos anciãos, ou de pessoas de culturas diversas. Aliás, é justamente agora que a tarefa do superior se torna um autêntico serviço de direção assertiva e afável para o crescimento de todos na comunidade.

Conclusão

Existe uma liderança perfeita? A partir do que foi dito nestas páginas, a resposta pareceria negativa, mesmo se, às vezes, se

---

[45] PINKUS, L. *Autorealizzazione e disadattamento nella vita religiosa*. Roma: Borla, 1991. p. 130.

[46] MANENTI, *Vivere insieme*, p. 103.

apele à tentação de uma liderança ideal e onipotente a fim de mascarar alguns limites de caráter ou algumas incompetências específicas na gestão de situações comunitárias que são efetivamente complexas.

A integração dos diversos componentes examinados no excurso psicológico apresentado parece ser o caminho privilegiado para uma liderança competente, não tanto porque o líder está habilitado a saber fazer coisas de maneira perfeita para os membros do grupo, mas, antes, porque é capaz de "saber ser" um guia suficientemente autorizado para conferir orientação ao projeto comum e, ao mesmo tempo, suficientemente afável para acolher os recursos, as necessidades e as diferenças das pessoas, valorizando-as como preciosas contribuições, necessárias para construir uma verdadeira fraternidade.[47]

Tal forma de compreender a autoridade é, certamente, mais complexa e difícil em relação ao sistema que vê nos líderes grandes personagens dotados de qualidades especiais. Para essa liderança, ao contrário, "exigem-se atitudes, convicções, motivações, comportamentos e competências que não podem ser dados por descontados",[48] mas que precisam ser alimentados paciente e constantemente.

Por isso o serviço da autoridade necessita, hoje mais do que nunca, de um constante apoio formativo e de uma adequada formação permanente, porque não basta conhecer bem o papel a ser desempenhado para estar habilitado a dirigir grupos significa-

---

[47] "O líder não diz tanto 'o que fazer', mas indica 'como' colocar-se diante da realidade. Por exemplo: procura fazer compreender qual é o clima espiritual do grupo, como o grupo está trabalhando, pede que se reflita acerca do porquê. Em uma palavra: não é o regente faz-tudo ou o controlador do tráfego (impor limites, confins, bloquear, premiar, punir, fascinar), mas incentiva a conferir um significado ao que se faz" (ibid.).

[48] BECCIU; COLASANTI, *La leadership autorevole*, p. 73.

tivos como as comunidades religiosas. É preciso disponibilidade e abertura atenta diante das pessoas que são confiadas, a fim de conduzir, mas também se deixar conduzir, para influenciar e se deixar influenciar, numa relação de reciprocidade autêntica e transparente entre aquele que exercita o serviço da autoridade e os que são chamados a partilhá-lo como um verdadeiro dom de comunhão.

3

Liderança e cultura da transformação

Vincenzo Comodo

Nas realidades organizacionais, a sombra da dúvida não obscurece a necessidade de munir-se de uma aparelhagem cognitiva adequada, que consinta recolher quanto desafio é lançado pela contemporaneidade e seus "relativos" valores "publicitários". A complexidade do novo tempo, da alma belicosa, competitiva, concorrente, invade toda organização: não poupa nenhuma delas. Os ventos de uma guerra global já se transformaram em ciclones culturais. Desconcertantes. Revolucionários. Imperialistas. Sopram em toda parte. Ininterruptamente.

A fim de evitar que se chegue a uma condição de vassalagem globalizada ou – pior – de extinção neste violentíssimo conflito intercultural em movimento, as diversas organizações – quer queiram, quer não – são obrigadas a descer ao campo de batalha. Uma renúncia equivaleria a uma derrota.

As organizações mais vivas, mais atentas, mais sensíveis a essa metamorfose do futuro "planejam" contra-ataques, erguem baluartes, elaboram ações conjuntas de proteção e de promoção. Repropõem, assim, o princípio segundo o qual a melhor defesa é o ataque.

Defender-se atacando não significa enfrentar o inimigo desbaratadamente, com fanfarronice e desprezo do perigo, com arrogância: esta seria uma tática suicida! Significa, porém, definir estratégias objetivas e sagazes (contraindo aliança com a inteligência, portanto), em nada improvisadas. Implica ler o tempo atual. Quer dizer, ser capaz de olhar em que direção o mundo se move. Significa saber acolher e gerir a mudança, nada mais.

Justamente a ideia – além da exigência – da *transformação*, que, mais uma vez, nos permite criar um laço "crítico" entre organização e cultura. Uma ligação que, a seu turno, remete *reflexivamente* ao conceito de líder. Portanto, à necessidade, mais ou menos vital – dada a tragicidade da situação cultural –, de saber desempenhar *eficazmente* o papel de guia hoje.

Para um líder, perfilam-se tempos sempre mais duros e exigentes. Revela-se determinante, portanto, a capacidade de interpretar corretamente as próprias competências, a destreza em ocupar o próprio *status*. Se, num passado, também próximo, a possibilidade de cometer erros na condução de uma organização concedia a oportunidade de remediar, hoje em dia é muito difícil ter este tipo de ocasião, porque os ritmos vitais da humanidade – de modo particular os socioantropológicos – alcançaram velocidades altíssimas. Por isso a importância de renovar-se impõe-se como uma verdadeira urgência, a ser enfrentada com decisão e convicção, a fim de evitar padecer danos irreversíveis por parte do Novo. Tal renovação é absolutamente inadiável, sobretudo para as organizações já consideradas históricas. Efetivamente, essas devem *sentir* tal necessidade e, consequentemente, devem se esforçar para realizar intervenções gerenciais de sucesso, tendentes a confirmar a própria atualidade, o vigor do próprio valor, se não quiserem "envelhecer" prematuramente e acabar, antes do tempo, a própria experiência, "fechadas" na prisão da imutabilidade absoluta.

Intervir não sobre princípios de fundação, mas sobre as modalidades de pô-los em prática é um imperativo categórico a ser observado a fim de dirigir uma organização neste acérrimo momento de hostilidade cultural. Então, para as organizações que percebem o sério perigo de desaparecer do cenário da história, é crucial que se apressem na corrida pelas armas criativas, assim como é fundamental que se munam de técnicas subsidiárias de análise e se enquadrem o futuro em uma perspectiva pluridisciplinar.

Servir-se do saber acumulado, das descobertas feitas, das soluções inéditas encontradas, dos resultados obtidos dentro do universo da organização quer dizer dedicar-se pelo bem da própria realidade, independentemente da eventualidade de aplicá-los no próprio ambiente de pertença. É indispensável ter um quadro resumido e atualizado sobre o assunto a fim de se orientar nesta convulsiva fase da pós-modernidade. De fato, dispor de vasto mostruário de paradigmas gerenciais e das respectivas opções estratégicas não constitui um problema. De resto – reconfirmando um consenso de forma alguma ultrapassado, mas evidente, apesar da longevidade proverbial –, *melius abundare quam deficere!* ["melhor sobrar do que faltar!"] Por isso o monitoramento do campo conceitual considerado constitui uma inequívoco fato de desenvolvimento, além de um eloquente indicador de interesse "particular".

Como é fácil deduzir, a abertura à atualização contínua representa uma condição sem a qual seria árdua a condução de uma organização. Esta, com efeito, além de trazer benefícios em termos de *informação,* permite recolher os muitos acenos e os variados sinais da *transformação* em ato.

À luz de um frenético e agressivo andamento social, em contínua expansão, um líder, "carregado" e embebido da própria função de guia, não pode ignorar a complexificação das sociedades. E não pode deixar de se acionar *culturalmente*, a fim de fazer com que, com base em dados e comparações, administre o melhor possível a organização pela qual é responsável. A parelha mudança-complexidade social exige atenções meticulosas e prudentes, as quais, por sua vez, remetem à necessidade de *saber ler o contexto* em que a organização trabalha. Trata-se de uma tarefa que diz respeito prevalentemente ao líder. Ele, para exercitar esta função específica, deve possuir não apenas conhecimento apropriado da cultura contemporânea, mas também estar disposto a aprender e a refinar aquela capacidade denominada liderança.

Deve-se imediatamente esclarecer que a liderança não se esgota na interpretação correta do âmbito no qual o líder age. Comporta, outrossim, a individuação dos melhores achados, a ser transformados, a seguir, em exequíveis, a fim de que a organização, de que faz parte, consolide a própria presença no território, auferindo salutar sucesso.

Contudo a liderança não é *exclusivamente* inata ao indivíduo. É verdade que subsistem, sim, indivíduos particularmente inclinados ao desempenho do papel de líder e que, portanto, são levados a exprimir a capacidade em questão. É igualmente verdadeiro, porém, que este dom natural não poderia ser suficiente para tornar-se um chefe eficaz, porque, tendo registrado a superação definitiva das assim chamadas sociedades simples e tudo o que resulta deste fenômeno, mister se faz conjugar a mesma predisposição com uma formação adequada. Eis, então, que emerge o problema acerca da conveniência de aprender a ser líder para "administrar" a mudança. De forma igualmente espontânea, eis que aflora a questão relativa: existe, pois, a possibilidade de aprender a liderança?

Sim. Uma resposta seca, inequívoca, decidida! Uma resposta, porém, que precisa de uma análise mais aprofundada.

A respeito, nas páginas seguintes, será oferecido um apoio argumentativo oportuno, ressaltando-se, porém, uma série de pressupostos bastante vinculativos. Antes de mais nada, embora respondendo positiva e decisivamente à questão, deve-se enfatizar justamente o laço estreitíssimo que se instaura entre o ambiente e o exercício da liderança. Num segundo momento, deve-se conferir a dependência dessa última em relação ao fator tempo. Portanto, a influência e a incidência da dimensão espaçotemporal com respeito à supramencionada possibilidade de aprendizagem, por certo, devem ser catalogadas como variáveis altamente condicionantes.

Todavia, questões ulteriores sobre o assunto específico não tardam a surgir. Com efeito, no rasto dessas afirmações, não seria tão ilógico se perguntar se, apesar da diversidade contextual, é possível individuar uma série de fatores comuns da liderança, ou seja, se subsiste a ocasião de recolher um conjunto de traços universais que transponham a soleira territorial-cultural e constituam, assim, as características naturais – ou, ainda, de base – da própria liderança. Ou, ainda, se não cairíamos em erro se nos perguntássemos a respeito da eventualidade de transplantar modelos e estilos de liderança para realidades organizacionais diferentes e distantes daquela original.

A propósito de tais temáticas, o debate é acalorado e participativo. São muitas as pesquisas realizadas sobre o assunto. Da mesma maneira que são consideráveis os resultados obtidos. O motor de tais pesquisas, obviamente, difere em função das regiões e – sobretudo – dos interesses que movem os que as realizam e apoiam.

No entanto, para ser ágeis e prontos na adoção das novas descobertas feitas neste campo, é preciso abrir uma janela formativa, através da qual um líder poderia *aprender* quais são as recentes tendências e as experimentações feitas em outras organizações e, a seguir, avaliá-las em relação à própria experiência. Esta observação não é passível de ser etiquetada como forma de espionagem estratégica, como iniciativa de serviço secreto [*intelligence*] administrativo, porque a observação das novas conquistas do saber e das recentes iniciativas diretoras – mesmo se empreendidas alhures – é bem diferente de uma prática furtiva e desonesta. De maneira mais adequada, deveria ser classificada como índice de *inteligência*, mas – principalmente – como um elevado expoente de responsabilidade grupal. Ademais, esta mesma inclinação observadora deveria ser catalogada também como uma aguda sensibilidade cultural: premissa essencial para interpretar dignamente o mandato do líder no teatro social de hoje, no qual – como foi antecipado – se encenam dramáticos atos de uma apresentação intercultural escrita e dirigida – prevalentemente – por valores típicos da pós-modernidade.

No cortejo de tais aspectos socioculturais, é determinante para um líder identificar os traços desta época que chega ao ocaso. A intenção é a de efetuar um confronto crítico entre a cultura da organização de pertença e a contemporânea. O fim é o de favorecer uma exploração crítica do ambiente no qual de fato ele se acha trabalhando. O objetivo é o de criar as condições mais fecundas, mediante as quais ele possa desempenhar tal papel, aprender e ensinar a liderança dentro de "sua" própria organização.

Deslocando-se do plano organizacional geral para o particular, no decurso dos parágrafos subsequentes serão desenvolvidas as pistas descritas na apresentação em relação à vida consagrada.

O líder e o tempo

Mais do que um *slogan*, a proposição "viver em função do tempo" é uma indicação que um líder deve seguir, a fim de evitar se encontrar "fora do lugar" em relação aos endereços sociais e antropológico-culturais do cotidiano, no ato da definição das escolhas. É bem mais do que um jeito de falar: é um modo de agir. Por isso que compreendê-la somente no sentido verbal seria ignorar a importância de torná-la executora. Significaria limitar-se a considerar unicamente a temática da fórmula, sem captar o "valor" prescritivo. Equivaleria a reduzi-la ao estado teórico, sem reconhecer a acepção pragmática. Para compreendê-la plenamente, então, é preciso *ultrapassar* o aspecto linguístico: é oportuno ressaltar-lhe o valor exortativo para depois traduzi-la em termos aplicativos, concretamente.

Contudo, para "viver em função do tempo", não basta transpor o limiar palavreiro desta expressão, examinando e catalogando a bagagem semântica inerente. E – ainda – não é suficiente reforçar a urgência de colocá-la em prática, lançando forte alarme de estratégia. Dessa última é preciso especificar e tratar melhor o significado temporal, ao longo das três dimensões do próprio tempo: passado, presente e futuro. É necessário evidenciar sua "continuidade", demonstrando quão estreito é o laço entre elas, apurando como é determinante receber esses momentos como parte de um único fluxo (embora distintos, embora – relativamente – distantes, mas, de qualquer maneira, de natureza semelhante), a fim de compreender a história de uma organização em relação ao sentido de sua próprio presença.

A priori, não se deve rejeitar a hipótese de que um líder poderia interpretar a locução "viver em função do tempo" univocamente, ou seja, ou mirando somente o passado, ou olhando exclusivamente para o futuro. Uma orientação que poderia fazer perder de vista a realidade, causando preocupantes patologias visuais, respectivamente diagnosticáveis como miopia nostálgica – na primeira situação – e como presbiopia futurística – na segunda. Nesses casos, tomar consciência do cotidiano seria o prognóstico mais eficaz para contrastar os aludidos defeitos "oftalmológicos".

A fim de remover tal tipo de distúrbios, não seria errôneo ajustar as lentes da liderança. Através delas, "corrigir-se-iam" – certamente – as aludidas afeições culturais, permitindo ver claramente a imagem do presente, como período vivo, como anseio de conjunção entre o tempo vivido e o futuro, como filtro crítico, mediante o qual enquadrar nitidamente a mudança. Explicitando tal afirmação, não se quer atribuir ao presente uma evidente e absoluta prioridade de atenção para a determinação do agir organizacional, mas simplesmente sublinhar sua indispensabilidade para a necessidade.

Para "dirigir" com equilíbrio e com astúcia a mudança, um líder deveria evitar se expor a perniciosas forças de magnetismo temporal, traçando a rota *quer* na vertente sincrônica, *quer* na diacrônica. O sentir-se atraído *irresistivelmente* pelos gloriosos acontecimentos passados *ou* o deixar-se levar *acriticamente* pelas correntes do amanhã poderia provocar uma perda da medida do hoje.

De fato, folhear insistentemente os capítulos mais belos, os acontecimentos mais emblemáticos da história de uma organização, com o objetivo de encontrar as respostas para os problemas modernos, com a intenção de legitimar aquela mesma conduta e aqueles idênticos movimentos culturais – razões de uma afirmação doravante *histórica* –, com a ideia de repropô-los em um panorama socioantropológico claramente diferente, redundaria num gesto bastante aventureiro, arriscado, perigoso. Não há nenhuma garantia que possa assegurar que as escolhas que funcionaram ontem sejam válidas ainda hoje.

Contudo, descuidar do passado – seja próximo, seja remoto – constituiria gravíssimo engano, porque se relegaria ao esquecimento a *missão* originária – obscurecendo os princípios iniciais –; porque se ignoraria um patrimônio seguro de experiência – no qual se inspirar, do qual se poderiam extrair sugestões acertadas –;

porque se renunciaria a uma contribuição cognitiva de indubitável utilidade. "Olhar" unicamente para o futuro, *reavaliando* os próprios valores de fundação somente sob a perspectiva da evolução – com tudo o que, perigosamente, poderia derivar dessa verificação –, representaria um atentado à razão social da organização.

Examinando esse critério em relação às congregações e aos institutos religiosos, não é minimamente possível propor "ideia" semelhante, porque eles se baseiam em regras de natureza cristã. Portanto, os valores edificantes das organizações de vida consagrada – à medida que são sagrados – são imutáveis, incorruptíveis, inalteráveis. Rejeitam decididamente as tentações do revisionismo e do remanejamento! Ainda que nas organizações de outro "feitio" alguns desses valores possam ser substituídos por outros mais em moda, nas organizações católicas se exclui absolutamente esta inaceitável aplicação.

Tendo demonstrado a necessidade de contrabalançar – grosso modo – a consideração do passo e do futuro para o confronto e para a gestão da mudança, enfatiza-se a importância de compreender o próprio presente como ponto de equilíbrio de tal análise. Um líder religioso, pois, não deveria ficar demasiado ligado à história da organização, assim como não deveria deixar-se impressionar demais pelas sugestões do futuro. Ao contrário, deveria partir da situação concreta: deveria fotografar e depois "revelar" *reflexivamente* as imagens de sua organização sob o pano de fundo da realidade. Somente depois de ter realizado essas operações de revelação seria oportuno consultar a memória e chamar à baila a criatividade, integrando os recursos de cada uma.

Como argumentação da supramencionada integração, pode ser adotada a própria liderança. Com efeito, esta, constituindo o princípio de toda programação ou planejamento, como quer que se chame – de acordo com as diversas abordagens da questão ou das diversas necessidades –, exige uma qualificação do presente. Sem dispor de uma plataforma adequada de confronto, de elementos culturais, de dados, a partir de cuja existência comprovada se possa perceber a mudança já acontecida ou em ato, torna-se bastante proibitivo – além de arriscado – decidir que gestos o líder deverá realizar.

Compete também ao líder a tarefa de conquistar o maior número possível de informações acerca do tempo corrente, de cujo exame poderá estabelecer o caminho da organização. Obviamente, nesse conjunto de fontes estão incluídas também as referências históricas, a história da própria organização. É possível, porém, prescindir da realidade a fim de projetar os (mais ou menos) desempenhos que o grupo será chamado a apresentar, em linha com a programação oficial.

A própria liderança é sinônimo de mudança. O fato mesmo de que esteja exposta a modificações contínuas demonstra qual seja sua dependência em relação ao futuro. Destarte, um líder, para praticar uma liderança eficaz, deverá obrigatoriamente perceber o cotidiano. A seguir, com base em tal percepção, aplicando a norma do *memento semper* ["lembra-te sempre"], ou seja, "firme" na consideração da tradição, poderá "mover-se" melhor rumo ao amanhã. Eis, portanto, como o presente constitui o ponto de passagem entre o passado e o futuro.

O caráter transitório da liderança

O exercício da liderança implica a execução de constante atualização da *específica* "habilidade de influenciar, motivar e tornar possível aos outros contribuir para a eficácia e para o sucesso da organização de que são membros".[1] Uma atualiza-

---

[1] Cf. COMODO, V. "Promover uma cultura de liderança na vida consagrada". In: POLI, G. F.; CREA, G.; COMODO, V. *O desafio da organização nas*

ção que, enquanto atividade de registro do inédito, exige uma sintonização em frequências antropológicas do tempo recente. Portanto, não apenas uma disponibilidade, mas também uma atitude para a escuta e para a leitura do Novo.

Mirando o incessante movimento cultural e a renovação social que está diretamente ligada a ele, não é complicado deduzir que a própria liderança esteja sujeita a relativas mutações. Não implica dificuldades insuperáveis captar a instauração de uma relação potencial de proporcionalidade direta entre um período histórico e as formas da liderança, ou seja, não é de forma alguma proibitivo descobrir que a *mudança* do tempo – intensa, quer no sentido físico, quer no costumeiro – provoca *mudanças* na liderança.

A prova esmagadora dessa correlação é constituída pela reciprocidade de paradigmas, modelos, estilos de liderança, que se impuseram de acordo com o momento – com consequência diversa – nas diferentes organizações. Como confirmação dessa dinâmica, nas páginas da história dessa dimensão do *ser* líder, lê-se que "o que funciona em determinado momento, em determinado lugar, com determinado 'elenco de intérpretes' poderia não funcionar em outro momento, em outro lugar e com outro elenco de intérpretes".[2] Embora enfatizando a categoria da possibilidade, deduz-se claramente a temporaneidade de certas formas de conduzir uma organização.

---

comunidades religiosas. São Paulo: Paulinas, 2008. (Coleção Liderança e vida consagrada.) Para ulterior aprofundamento, remetemos a: BODEGA, D. *Le forme della leadership*. Milano: Etas, 2002. p. 3.

[2] McGILL, M. E.; SLOCUM, J. W. Una leadership "appropriata", per favore. In: QUAGLINO, G. P. (org.). *Leadership*. Nuovi profili di leader per nuovi scenari organizzativi. Milano: Raffaello Cortina, 1999. p. 398. Para uma análise mais ampla da questão, cf.: CREA, G. Dinâmicas psicológicas na organização comunitária. In: POLI; CREA; COMODO. *O desafio da organização nas comunidades religiosas*. São Paulo: Paulinas, 2008. Cf. McGILL, M. E.; SLOCUM, J. W. *The Smarter Organization*. New York: John Wiley, 1994.

Apesar de, em circunstâncias particulares, elas terem produzido efeitos altamente benéficos, portanto revelando-se como razão de escolhas acertadas, não é possível declarar – seduzidos pela infalibilidade da exatidão científica – que, repropostas em outras situações, deem origem a eficácia igual. Não se deve excluir que, utilizadas em outras circunstâncias, produzam menos ou, até mesmo, não rendam nada. Se analisadas de acordo com a diretriz das doutrinas da organização, os *porquês* de tal incerteza devem ser individuados justamente na diferença dos cenários sociais. Se, ao contrário, forem examinadas sob a ótica da filosofia da ciência, devem ser atingidas pelo desmoronamento das certezas absolutas "professadas" pelo positivismo. O contexto, portanto – com todo o entrelaçamento de variáveis que o caracteriza –, representa um fator decisivo para o sucesso de manobras diretoras peculiares.

Contudo, seria prudente tomar cuidado para não tropeçar na mesma regra do absolutismo vatídico. Isto significa que não se deve descartar a ideia de que certas formas de liderança, já amplamente verificadas e adotadas em outros âmbitos, não tenham nada mais a dizer ou a dar. Não quer dizer que elas, embora consideradas superadas e obsoletas, ainda que já tenham alcançado o máximo esplendor, não possam estimular a criatividade dos líderes a fim de tentar – eventualmente – uma saída em relação a problemáticas específicas.

É verdade que cada contexto é distinto, que muda continuamente, que cada mudança inserida nele afasta o passado. É verdade que um líder, consciente da fluidez cultural, é obrigado a executar – atentamente e em brevíssimos intervalos – uma revisão periódica das estratégias de condução, em função do tempo. No entanto, é igualmente verdadeiro que rejeitar irrevogavelmente um modelo de liderança, recolocando-o nos anais da matéria, equivaleria a renunciar a uma experiência que, posto que tenha sido vivida por tanto tempo, conserva um valor próprio. Este último poderia exprimir uma validade ulterior, justamente na busca de novas técnicas de guia organizacional.

Tendo evidenciado o caráter transitório da liderança – "definido" pelas variabilidades do *onde*, do *quando* e do *com quem* –, é bastante simples compreender que ela não pode ser reduzida a uma única fórmula, que não pode ser considerada como uma receita boa para todas os molhos, que não pode ser compreendida como um segredo publicamente desvelado. O mesmo estado de crise em que ela se encontra atualmente, documentado por uma riquíssima literatura setorial de chamada babélica, atesta não somente sua irrefreável mudança, mas também sua disjunção do vínculo temporal: passa o tempo, passam os líderes, passam os modos de ser chefe.

Relacionando o princípio da *temporaneidade* da liderança à vida consagrada, é bastante útil reler a experiência vivida pelos fundadores e o exemplo deles "seguido" pelos líderes "sucessores". Com efeito, a partir da interpretação que fizeram em relação ao *tempo*, ao *espaço* e aos *recursos humanos* disponíveis então, percebe-se quanto o contexto influencia no exercício do próprio papel de guia. Efetuando uma avaliação – a distância temporal – entre a época da fundação de um instituto ou de uma congregação e o presente, sobre a base dessas três variáveis *evidenciadas*, é bem mais que verossímil sublinhar as nítidas diferenças entre os diversos quadros sociais e as respectivas molduras culturais. Não se encontrará nenhum tipo de dificuldade, nem mesmo se o confronto fosse efetuado entre uma conjuntura qualquer histórica da organização e o momento atual: são realidades radicalmente diversificadas.

Feita essa constatação, não será árduo, de fato, chegar a uma dedução: todo líder, a começar pelo fundador, teve de se "confrontar" com o ambiente no qual efetivamente se encontrava a desempenhar seu próprio papel. Por isso, à mudança de ambiente, produziu-se uma *mudança* natural também no *ser* do líder.

Ora, levando-se em conta o fato de que todo líder tem sua *liderança* e que esta se conecta bastante estreitamente com o contexto, coloquemos uma pergunta: a liderança de um fundador, ou também a de um brilhante sucessor, considerada verdadeiramente exemplar, paradigmática, sintomática, poderia constituir um modelo a ser aplicado também em outro cenário social, em outra circunstância histórica?

Percorrendo a estrada pela qual alcançar a resposta a tal pergunta, não se encontra nenhuma proibição de responder afirmativamente. A distância temporal entre *uma* das tantas realidades de ontem e as de hoje não impede de readotar *uma* das lideranças em questão, integralmente ou em parte. Com efeito, inspirar-se totalmente nas capacidades dos grandes líderes não é, de fato, uma heresia estratégica. Ao contrário, referir-se a eles significaria repassar as memoráveis *lições de guia* dadas pelas grandes personagens da própria organização. Seria como irrigar regularmente uma recordação, a ponto de torná-la sempre verde. Comportaria uma vivificação verdejante do carisma do instituto ou da congregação. Passando da aplicação integral à particular, também o apelo a determinadas iniciativas empreendidas por eles, a utilidade de certos exemplos, tudo isso poderia se efundir em ondas bastante duras: tais ideias poderiam oferecer o início libertador de problemas espinhosos, poderiam indicar a saída de uma situação delicada.

Contudo, deve-se ressaltar bem que, embora reconhecendo extraordinárias qualidades nos líderes do passado, posto que possam ser considerados figuras excepcionais, possam representar referências iluminantes também no final do próprio mandato, mesmo assim não podem ser considerados como modelos imortais, em termos de liderança. Mesmo na eloquência de sua imorredora obra e na riqueza de sua experiência de condução, nem sempre podem fornecer respostas melhores para interpretar a liderança, porque o ambiente no qual agiram diferencia-se por determinada conformação sociocultural, diversa daquelas posteriores.

A exemplaridade deles no dirigir uma organização religiosa tem uma localização precisa sobre o eixo temporal. Portanto, insistindo em que a liderança deve ser pensada em função do tempo, examinada em relação às forças humanas e aos instrumentos culturais de que se dispõe, não se pode deixar de aventar que quem coloca a veste de líder deve observar essas dimensões analíticas. Os fundadores e as fundadoras, bem como os que assumiram o lugar deles "magistralmente", alcançaram o *sucesso* (na acepção organizativa) graças *também* a um acutíssimo senso do cotidiano, à desmesurada destreza no compreender a realidade em que viviam, à notável faculdade no ponderar e no empregar os meios como dote, além das excelsas qualidades espirituais e de fé. A capacidade – antes de tudo, ainda, a necessidade – de avaliar o contexto no qual desenvolver a missão de líder é, portanto, uma condição particular para a definição de uma liderança própria. Além do mais, muitos deles, em virtude de uma bem evoluída atitude – um misto de sagacidade e perspicácia –, conseguiram intuir os desenvolvimentos cultuais, prevendo as tendências e as mudanças com certa exatidão.

"Focalizando", portanto, a dependência da liderança sobre o pano de fundo social, seria bastante despropositado defender que certas formas e estilos peculiares de guiar uma organização sejam melhores do que outros. Eles devem ser "medidos" em relação aos ambientes. Por isso, dizer que a liderança de um líder é "superior" à de outro é um falso problema, um erro de "avaliação", justamente porque ela deve ser avaliada em relação ao contexto: elas são simplesmente diferentes.

É fácil compreender, então, que as habilidades do indivíduo são o elemento fundamental para decretar o sucesso de um modelo de liderança.

Cultura dominante e cultura da organização

Antes de tratar a conexão entre líder e espaço, é oportuno focar a atenção sobre o elo entre líder e cultura. Esta escolha é ditada prevalentemente pela necessidade de assinalar uma série de pressupostos, de ilustrar um conjunto de aspectos, de indicar um pacote de fatores culturais que permitam a individuação de uma série de *fundamentos* dirigentes.

Sob o aspecto da *temporaneidade*, depois de ter abordado o da liderança, deve-se aludir o da cultura. Viu-se, com efeito, como a liderança pode sentir a influência do tempo, como pode ser observada a partir da perspectiva do passado – percebendo supostos condicionamentos, produzidos por alguns métodos de condução – e como, ao contrário, pode ser vista predominantemente rumo ao horizonte futuro – andando desembaraçados em direção ao amanhã, animados por vibrantes propósitos de renovação e, levando em consideração – mínima, se não "obrigatória" – a contribuição experiencial dos líderes precedentes. Substancialmente, demonstrou-se que não existe uma única liderança, praticável em toda parte e sempre empregável. São muitos os seus modos, bem como são diversas as aplicações, estreitamente dependentes de quem as exercita, situado em *um* determinado lugar e em *um* período preciso.

Do mesmo modo e com base em idênticos parâmetros espaçotemporais, chega-se à mesma conclusão substituindo-se o conceito de liderança pelo de cultura. De fato, uma cultura *em devir*, enquanto tal, é uma expressão do tempo corrente que se explicita em um território diferente. Ela também pode ser vista sob a perspectiva histórica – apreciando-a como sinal de uma tradição mais ou menos viva – e pode ser esquadrinhada rumo ao amanhã – examinando-a como uma manifestação costumeira inédita, portanto declaradamente autônoma e independente (pelo menos nas aparências) em relação ao passado. Por conseguinte, como para a liderança, são muitas (aliás, em termos quantitativos, enormemente maiores, quase incomensuráveis) as formas da cultura, as quais também são expressão de um ambiente específico e de um período exato.

Colocado bem em evidência o fator comum da mutabilidade constante, a fim de indicar um aspecto relacional ulterior entre os conceitos considerados, não se pode deixar passar inobservada qual seja a relevância do verbete *cultura* para o tema organizativo. Com efeito, deve-se salientar bem que

> a cultura é um processo que condiciona as formas e a ação das organizações. Analisá-la faz parte dos estudos sobre as organizações e sobre a liderança. Individuar dimensões de análise é necessidade e responsabilidade daqueles que querem compreender e confrontar diferentes contextos valorais com o objetivo de busca e de planejamento das organizações.[3]

A análise do contexto em que uma organização age tem na cultura, portanto, uma articulação estratégica determinante. Dizer *cultura*, porém, significa dizer (perdoe-se a redundância!) muito pouco – paradoxalmente –, apesar da extraordinária riqueza semântica do conceito. Uma riqueza que alimenta a si mesma, dada a elevada taxa de natalidade de culturas. Uma riqueza, contudo, que, mesmo podendo se incrementar, pode igualmente se inflacionar, se não for adequadamente "definida". Com isto não se quer minimamente afirmar que uma definição seja melhor do que outra, ou que exista uma definição universal: que fiquem

---

[3] BODEGA, *Le forme della leadership*, p. 67.

longe as tentações de um prepotente dogmatismo terminológico! As culturas são inúmeras e, enquanto tais, variegadas, sortidas.

Deve-se, porém, falar de *definição adequada* sempre que o conceito de cultura é compreendido em acepção científica, ou melhor, especificamente disciplinar; sempre que for preciso mover-se em uma área doutrinal distinta, protegidos por uma cautelosa cobertura metodológica. Agilizando a ideia, isto significa que, para falar de cultura em um discurso sobre a organização, é conveniente, primeiro, ter claro o significado do lema *cultura da organização* e, segundo, o de *cultura dominante*. É por uma dupla razão: a primeira é a de determinar o perímetro do domínio semântico das locuções; a segunda é a de criar, assim, pressupostos favoráveis para colocá-los em correlação, de modo a extrair indicadores úteis a ser utilizados para a determinação da liderança. Além do mais, ao propor esses significados, acentua-se que o principal destinatário é o líder. O esclarecimento ulterior deve ser feito a fim de prestar contas não só da abundância das definições de *cultura da organização*, mas para sublinhar que entre os tantos aspectos que a configuram foram selecionados os que majoritariamente deveriam constituir objeto de privilegiada atenção da parte de quem ocupa a "posição" de guia.

Feita essa observação, então, por *cultura da organização* se indica aquele grupo de valores, de preceitos que regulam a *mission*[4] *de uma organização*. Por *cultura dominante*, ao contrário, entende-se aquele *corpus* de conhecimentos, de crenças,

---

[4] A palavra *mission* "é usada para exprimir qual é a missão de uma empresa, ou seja, quais são as diretrizes fundamentais sobre cujas bases operar, quais são as finalidades para as quais orientar a própria atividade, quais são os elementos estruturais mediante os quais se pretende perseguir os objetivos gerais e específicos das modalidades pelas quais interagir com o mercado" (cf. COMODO, "Promover uma cultura de liderança na vida consagrada". Cf. KOTLER, P.; SCOTT, W. G. *Marketing management*. Torino: Isedi, 1993). A missão deve ser claramente adaptada às organizações da vida consagrada: ordens, congregações e institutos religiosos, sociedades de vida apostólica.

de fantasias, de ideologias, de símbolos, de valores, de normas, além das disposições para a ação que dele deriva, as quais, concretizando-se em esquemas e técnicas de atividade, emergem e fazem tendência em uma sociedade.[5]

É claro que um líder, a fim de plasmar e exprimir a "própria" liderança, deve estudar e ponderar qual é a situação interna, qual a externa da organização. Deve mediar ambos os tipos de cultura em questão. A propósito, sem dúvida pode ser indicativa uma contribuição de Wilkins e Patterson. Para esses autores – a respeito da relação cultura-organização –, "a cultura ideal é caracterizada por uma clara confiança na equidade, por um nítido senso de competência coletiva e pela capacidade de aplicar esta competência em situações continuamente cambiantes e modificá-la onde se fizer necessário".[6] Como facilmente se nota, nessa opinião emergem tanto a exortação a colocar em campo uma liderança envolvente e paritária quanto o estímulo a remodelá-la em função das mudanças registradas.

Eis, portanto, configurar-se o problema da coleta dos dados e de todas as informações indispensáveis para exercer uma liderança sempre atual. Eis aflorar novamente a necessidade de *ler a realidade* em que a organização se move a fim de descobrir quais são os modos de vida predominantemente percorridos, quais são os modelos existenciais principalmente adotados, qual é o pano de fundo externo.

Por isso a imagem do "mercado" deve ser substituída pela lógica e pelos "valores" na "produção" cultural "típica" do tempo hodierno.

[5] Esta definição é derivada da junção entre a interpretação "geral" de cultura fornecida por Tentori, com a eventual função dominante dela, levada a termo em um momento particular, em determinado contexto. Cf. TENTORI, T. *Antropologia culturale*. Roma: Studium, 1976. p. 13.

[6] WILKINS, A. L.; PATTERSON, K. You can't get there from here: what will make culture-change projects fail. In: VV. AA. *Gaining Control of the Corporate Culture*. San Francisco: Jossey-Bass, 1985. p. 272.

Transpondo este "dever" para a vida consagrada, os líderes religiosos são particularmente chamados a analisar o panorama social em que agem, a perceber o Novo e, sucessivamente, a reelaborar uma liderança em sintonia com os tempos.

O líder e o espaço

A fim de "professar" uma liderança atual, um líder deve caminhar *pari passu* com o devir. Deve *sentir* os ritmos sociais escandidos pela cultura hodierna, deve *sentir-se* parte do cotidiano. Para alcançar as metas do sucesso organizacional, colocadas ao longo de seu percurso de guia, deve fazer com que certos resultados não sejam obtidos para além dos limites consentidos pelo tempo corrente. E posto que, "corrente", veloz, portanto sem lesmice alguma, cruzar atrasado as linhas de chegada do mundo contemporâneo atestaria uma preocupante desvantagem na competição de bravura reservada às organizações.

Um líder, então, para exprimir uma liderança igualmente atualizada e dinâmica, deve empenhar-se em ouvir, analítica e criticamente, o fluxo do tempo. Condição necessária mas não suficiente para chegar ao objetivo em particular. Com efeito, sem uma apropriada ponderação da dimensão espacial, é praticamente irrealizável semelhante resolução. Trocando em miúdos, isto quer dizer que é indispensável uma correta e mais do que oportuna consideração do contexto no qual ele está inserido. Não uma consideração com fim em si mesma, mas inclinada a uma exploração cultural *tout court* do território no qual é chamado a agir, na qualidade de ator social protagonista e não de simples figurante.[7]

Para a questão em pauta, porém, a ideia de contexto merece um esclarecimento. Com efeito, esta pode indicar tanto o

---

[7] Cf. COMODO, "Promover uma cultura de liderança na vida consagrada". In: POLI; CREA; COMODO. *O desafio da organização nas comunidades religiosas,* op. cit.

contexto *ad intra* quanto o *ad extra* da organização. No caso das congregações e dos institutos religiosos, seja a realidade comunitária, seja a laical.

Nesta dissertação, dá-se preferência analítica à primeira, deixando a profissionais mais competentes a análise mais aprofundada da segunda. Deve-se reconhecer, porém, que as duas articulações, posto que *distintas*, não estão, porém, *distantes*. Elas se "compreendem". De fato, um líder "comunitário" não pode explorar a área social existente fora da própria família sem ter sequer mínima forma de colaboração ou de simples presença da parte de outros religiosos. Sem algum tipo de colaboração – até mesmo reduzida – dos recursos internos não é possível monitorar o ambiente externo, com a declarada intenção de prover investigações, de adquirir conhecimentos do território, de acumular informações a serem utilizadas para a conformação de uma liderança vencedora.

Para definir uma liderança "apropriada", o primeiro passo a dar é o de tornar-se consciente do *locus* da própria liderança, do "lugar" no qual é exercitada.[8] Conforme já foi antecipado nas entrelinhas,

> a essência da liderança está na capacidade de diálogo com o contexto, como em uma conversa na qual, dentro de um sistema de conhecimentos e de regras conhecidas (normas, tradições, rotinas consolidadas, ritos, modalidades formais etc.), nem tudo é previsível; a qualidade e a eficácia da interação são mantidas através de uma contínua gestão daquilo que de inesperado acontece. De acordo com esta perspectiva, a liderança encontra sua peculiaridade de expressão justamente como capacidade de agir em níveis elevados de eficácia, percebida em qualquer contexto, e de interagir com o ambiente, criando com ele um relacionamento de conexão que favorece seu controle.[9]

---

[8]   McGILL; SLOCUM, Una leadership "appropriata", per favore. In: QUA-GLINO. *Leadership. Nuovi Profili di leader*, op. cit., p. 398.

[9]   BODEGA, *Le forme della leadership*, p. 118.

Essa tomada de atitude, ligada ao fluir do tempo e à variabilidade da cultura, permite colher ainda melhor a temporaneidade da liderança.

Liderança universal

Até agora, enfatizou-se a dependência da liderança em relação ao tempo, ao lugar, à cultura. E não foi algo fora de propósito. Demonstrou-se, com efeito, que uma das principais peculiaridades da liderança é justamente a da temporaneidade: uma característica natural, variável em conexão com o contexto e com o patrimônio de valor de uma organização.

Considerando tais argumentos, poderia parecer logicamente paradoxal perguntar se subsiste a possibilidade de isolar alguns traços universais da mesma liderança, perguntar se, efetivamente, existem as condições para a individuação de aspectos que irmanam as diversas manifestações desta dimensão do ser líder. O fato mesmo de que fervilhe a busca de novas expressões de liderança, ou ainda o melhoramento das que existem, comprova claramente que tais questões se inclinam mais para o *não* do que para o *sim*.

A fim de sair desse *impasse* e ter uma resposta bem útil, é bastante tranquilizador um auxílio de Bodega. Com efeito, ele afirma que

as formas da liderança são aproximações de regularidades observadas e são válidas como hipóteses de trabalho, apesar de que não estejam em condições de enfrentar as realidades últimas. Ademais, toda formulação de repetições de inter-relações afins de fenômenos pode ser útil também onde uma pesquisa posterior exija que esta seja readaptada e reformulada. Obviamente, existem poucas uniformidades absolutas, quando não até mesmo nenhuma, no conteúdo das formas da liderança, a menos que não sejam entendidas de forma extremamente geral, como, por exemplo: "a "Motivação, a capacidade de motivar", o "Estar informado" ou o "Ser acreditado". Mas, depois de tudo, o conteúdo de átomos diversos e de várias células está bem longe de ser idêntico: estas são constantes unidades elementares de forma.[10]

Tomando como ponto de partida essa explicação, e conscientes da inexistência de leis metaterritoriais e extratemporais sobre os esquemas de conduzir uma organização, sobre as modalidades de observar e gerir a mudança, pode-se, porém, admitir – em sentido inverso – a existência de uniformidades tendenciais,[11] de traços comuns evidenciáveis entre todas as "estruturas" da liderança.

Ora, apoiados nessas teses, não seria assim tão arriscado colocar melhor em relevo quais são as propriedades da liderança propensamente mais perceptíveis em cada realidade. Não seria, pois, desabusado tentar identificar aqueles fatores que permitem "modelar" uma liderança de sucesso.

A respeito do assunto, indica-se outra intervenção de Bodega. Efetivamente, ele é de opinião que

contribuem para a definição de uma liderança excelente em todas as culturas alguns atributos que refletem:

– integridade pessoal, tais como: ser "digno de confiança", "justo" e "honesto";

– liderança visionária e carismática, tais como: ser "encorajador", "positivo", "motivador", "capaz de construir segurança", "dinâmico";

---

[10] Ibid., p. 120.

[11] Para aprofundamentos posteriores sobre o conceito de "uniformidade tendencial", cf. STATERA, G. *Metodologia e tecniche della ricerca sociale*. Palermo: Palumbo, 1989.

– orientação do grupo, tais como: ser "Comunicativo", "Coordenador", "Construtor de grupos".[12]

A fim de explicitar melhor essas peculiaridades, na tabela seguinte[13] são listados os ingredientes universais da liderança, ou seja, aquelas características comuns a todas as culturas que favorecem o afirmar-se de líderes considerados excelentes.

CARACTERÍSTICAS DA LIDERANÇA

Positivo	Planejador
Acreditável	Melhora a motivação
Administrador capaz	Comunicativo
Justo	Orientado para a excelência
Resolutivo *Win-Win**	Constrói consciência
Encorajador	Honesto
Inteligente	Dinâmico
Decisivo	Coordenador
Informado	Estimulador de grupo
Negociador eficaz	Capaz de motivar
Previdente	Dependente

É claro que se trata de aspectos que, apesar de certa repetição, fogem à regularidade: não necessariamente poderiam caracterizar uma liderança de sucesso. Alguns poderiam

---

[12] BODEGA, *Le forme della leadership*, pp. 126-127.

[13] Ibid., p. 127.

* *Win-Win* ("Ganhar-Ganhar": as pessoas buscam o benefício mútuo em todas as interações humanas) é uma das seis filosofias da interação humana (as outras são: *Win-Lose* ["Ganhar-Perder"], *Lose-Win* ["Perder-Ganhar"], *Lose-Lose* ["Perder-Perder"], *Win* ["Ganhar"] e *No Deal* ["Sem Acordo/Negócio"]). (N.T.)

emergir, outros, ao contrário, não. A esses mesmos, além do mais, poderiam ser acrescentados outros. De resto, como já suficientemente sublinhado, a influência do contexto – com todas as suas variáveis – recai sobre toda liderança em termos de singularidade, de subjetividade. Todavia, embora reforçando a propensão dos atributos listados, não faria nenhum mal dar-lhes uma olhada orientadora, a fim de amadurecer – pelo menos – uma ideia sobre as principais qualidades de que um líder deveria estar munido.

Flashes ultramodernos

Para gerir a mudança, um líder deve, evidentemente, notá-la. Sem uma contínua observação do cotidiano, sem possuir um boletim atualizado de dados socioculturais, ler o futuro seria bastante aventuroso. Saber o que acontece *fora* da organização é fundamental, visto que através desse conhecimento é possível realizar um confronto entre os valores da organização da qual se é guia e os socialmente predominantes, seja no nível microterritorial, seja no plano global. Tal tomada de consciência é determinante para elaborar uma estratégia em defesa da própria missão, aprontando planos de ação voltados a promover as razões fundamentais da própria organização, sobretudo em uma opaca e obscura transição de época, como é o caso da modernidade. É uma motivação válida principalmente para as congregações e institutos religiosos, porque a obra deles é nitidamente "edificada" em função de um sentido nada fugaz ou comercial.

Recompor o quebra-cabeças que representa esta paisagem histórica não é coisa simples, visto que o número de suas tramas está em contínuo aumento, em consequência de uma "produção" cultural sempre mais globalizante. Contudo, engastar as principais é, sim, complexo, mas não inverossímil. Portanto, movidos pela exigência de construir uma imagem (mesmo se indefinida) da pós-modernidade, torna-se necessária uma descrição de algumas de suas partes, importantes para a realização da *obra* das organizações da vida consagrada. Tal exposição articula-se ao longo de duas dimensões portadoras – selecionadas para o assunto em pauta: econômica e sociológica.

A ordem da análise não é casual. Dela se difunde uma perspectiva crítica que – ainda hoje – reconhece na economia uma condição *iluminadora* para o exame do contemporâneo. Sem seguir tal abordagem, a leitura do presente resultaria deslocada, porque a lógica do lucro – ainda que oportunamente renovada em relação ao progresso e à nova ordem produtivo-distributiva – constitui, ainda, o "discurso" dominante na imensa maioria das organizações. De fato, se a "racionalidade econômica" na modernidade foi a racionalidade por antonomásia, assumindo uma "posição totalizante",[14] na pós-modernidade, ao contrário, chega a ocupar uma "posição globalizante". Se no passado – quer remoto, quer mais próximo – ela conquistou gradativamente o pensar e o agir de quase todas as estruturas organizativas, revelando-se nas várias vertentes do capitalismo, atualmente prossegue essa campanha "valorativa", manifestando-se macroscopicamente na forma da globalização. Um fenômeno que sintetiza um conjunto de subfenômenos caracterizadores do hodierno sistema econômico mundial, tais como:

> a internacionalização dos mercados financeiros e a liberdade de movimento dos capitais; a descentralização e o deslocamento da produção dos bens; o desenvolvimento do comércio internacional, que permite, hoje, uma circulação mundial das mercadorias; a

---

[14] HABERMAS, J. *Il discorso filosofico della modernità*. Bari: Laterza, 1987. p. 2.

tendência das grandes empresas a estabelecer alianças e fusões internacionais".[15]

Um fenômeno que oferece o pretexto para ressaltar a intrincadíssima interconexão entre as novas versões da mesma economia, as profundas incursões da tecnologia nas experiências e os agravamentos no plano dos valores, tendo sempre como *ubi consistam* ["ponto de apoio"] a mesma racionalidade.

À luz da fortíssima coalizão entre economia e informática e da encantadora persuasão do efêmero, vulgarizada pelo sistema midiático, não é impróprio dizer que a racionalidade econômica tende a globalizar-se, não somente nas regiões dos mercados, mas também nos territórios da cultura. E não somente na cultura de massa, mas também na digital, de modo especial difundindo-se *através do*, aliás, *no* ilimitado continente cibernético que é a internet.

Levando-se em conta que a racionalidade da pós-modernidade foi interpretada também como racionalidade do processo, da transformação com fim em si mesma,[16] não seria errôneo perguntar se não seria uma forma diferente de racionalidade ou uma renúncia a esta.[17] As argumentações adotadas a esse respeito regem-se por um disseminadíssimo recurso à magia, o qual é compreendido como uma alternativa à mesma racionalidade, como uma tentativa de tornar própria a realidade social, que se expande de formas dessemelhantes e por meio de diversas vias na dimensão social, "como verdadeira e autêntica 'necessidade' de novo modelo de

---

[15] CIOTTI, F.; RONCAGLIA, G. *Il mondo digitale*. Bari: Laterza, 2000. p. 390.

[16] MALIZIA, P. *La costruzione sociale dell'organizzazione. Natura e struttura delle organizzazione complesse*. Milano: Guerini & Associati, 1998. p. 179.

[17] MONGARDINI, C.; MANISCALCO, M. (orgs.). *Moderno e postmoderno*. Roma: Bulzoni, 1989. pp. 13-15.

'se relacionar com o mundo exterior',[18] de preencher as 'lacunas da vida cotidiana'[19]".[20] Ademais, este retorno do mágico foi visto também como possibilidade de reação à "perda do *self*" social.[21]

Contudo, o mágico – em toda as suas variantes, tais como o ocultismo, o esoterismo, a cartomancia e tudo o mais – não somente é visivelmente divulgado e apoiado pela indústria cultural, mas também vendido em seus circuitos comunicativos e distributivos. A título de exemplo, basta pensar na invasão televisiva de tantos magos, cartomantes, videntes, curandeiros e colegas afins, que se refugiam predominantemente nos canais privados, oferecendo a alto preço seus conselhos e seus vaticínios.

Para além dos aspectos sociocomunicativos, a respeito de tal sucesso deve-se observar que ele tem sobre os próprios ombros uma sábia direção comercial. Também em tal ocasião se descobre a presença de uma "evidente" racionalidade econômica. Portanto, uma *afirmação* que brota de uma astuta administração de uma necessidade, em termos tanto de procura quanto de oferta. Se se pensasse na magia somente como puro e emancipado recurso à irracionalidade, descuidar-se-ia o *poder* midiático desse tipo de persuasão "oculta" (mais do que nunca!), mas sobretudo não se reconheceria a contínua lucidez da mesma racionalidade econômica, sintomaticamente representável na mais ou menos obrigante aplicação do *marketing*.

A lógica "que anima" este último conceito impõe-se no nível coletivo, exprimindo-se sobre o plano individual, na passagem

---

[18] MONGARDINI, G. (org.). *Il magico ed il moderno*. Milano: Angeli, 1991. p. 16.

[19] Ibid., p. 43.

[20] MALIZIA, *La costruzione sociale dell'organizzazione. Natura e struttura delle organizzazione complesse*, p. 179.

[21] Cf. DE MARTINO, E. *Sud e magia*. Milano: Feltrinelli, 1968.

do consumismo ao autorreconhecimento [...]; com efeito, a corrida para a aquisição de bens (materiais e imateriais) de feito típico de sociedade do *boom*, do bem-estar (ou melhor, da consciência do bem-estar adquirido e da vontade de traduzi-lo para si e para os outros) esteve quase sempre ligada à afirmação de *status*, ou, ainda, ao "ter para parecer ter e, portanto, parecer ser", em relação a outro mais generalizado. Hoje, a tendência predominante parece ser a de consumir mais "por si" do que "pelo outro", ou, ainda, que, no estímulo ao consumo, sejam mais determinantes as motivações por um tipo de autodesenvolvimento/autoconfirmação do que as de ter reconhecida uma posição social de prestígio (ou presumidamente tal), justamente através das valências simbólicas que o bem adquirido chega a assumir; por conseguinte, é evidente como tal novo consumo não pode ser absolutamente individualizado, multiforme ou, como já se disse, "politeístico", sem uma univocidade de referências culturais e (quase consequentemente) fortemente personalizados.[22]

Neste salto coletivo rumo ao *aparecer,* todo o sistema da comunicação – cujas garras se estreitam em torno do *Homo technologicus* com a difusão popular dos meios multidimidiais e da internet,[23] de modo particular – é praticamente decisivo na exaltação da caducidade, promovida através das mercadorias, de qualquer tipo, em cada setor. Esta é outra confirmação de quanto ainda é vigorosa a racionalidade econômica.

Não obstante ela constitua o tema dominante no panorama organizacional contemporâneo, deve-se esclarecer imediatamente que não é desenvolvida em todas as organizações. Logicamente, entre essas se distinguem justamente as dos religiosos. É a natureza dos valores da organização que faz a diferença. E dado que os

---

[22] MALIZIA, *La costruzione sociale dell'organizzazione. Natura e struttura delle organizzazione complesse*, p. 180.

[23] Cf. COMODO, V.; POLI, G. F. *Cliccate e vi sarà @perto*. Cantalupa (TO): Effatà, 2002.

da vida consagrada não são nada fugidios e momentâneos, não subsiste nenhuma possibilidade de que possam ser conjugados com o efêmero.

Diante de e "investido" dessas tensões, um líder religioso não pode ficar esperando. Ele tem o dever de registrar o ser da racionalidade econômica, sua ação altamente condicionadora. Mas não só. Terá de criar estratégias oportunas visando a comunicar a própria organização, a diversidade de seus valores, servindo-se de todos os meios e instrumentos que a cultura e o progresso colocam à sua disposição. Ler o cotidiano é uma obrigação inadiável!

Bibliografia

ACQUAVIVA, S. S. L'ecclissi del sacro. Milano: Comunità, 1971.

APOLLONI. *Tu, 13º apostolo. Modelli biblici per una spiritualità missionaria.* Leumann (TO): Elle Di Ci, 1998.

ARNOLD, W.: EYSENCH, H. J.; MELI, R. (org.). *Dizionario di psicologia.* Roma: Paoline, 1982.

ATHERTON, T. *Delegation and Coaching.* London: Kogan Page, 1999.

BASS, B. M.; AVOLIO, B. J. *La leadership trasformazionale;* come migliorare l'efficacia organizzativa. Milano: Guerini, 1996.

BECCIU, M.; COLASANTI, A. R. *La leadership autorevole.* Roma: Nuova Italia Scientifica, 1997.

BENNIS, W. G.; NANUS, B. *Leader, anatomia della leadership effettiva.* Milano: Angeli, 1993.

BLANCHARD, K.; HERSEY, P. *Leadership situazionale.* Milano: Sperling & Kuppfer, 1984.

BODEGA, D. *Le forme della leadership.* Milano: Etas, 2002.

_____. *Organizzazione e cultura. Teoria e metodo della prospettiva culturale nell'organizzazione di azienda.* Milano: Guerini Studio, 1996.

BOFF, L. *Gesù Cristo liberatore.* Assisi (PG): Cittadella, 1973. [Ed. bras.: *Jesus Cristo libertador.* Petrópolis: Vozes, 1972.]

BORGOGNI, L. *Valutazione e motivazione delle risorse umane nelle organizzazioni.* Milano: Angeli, 2000.

BRINER, B. *Gesù come manager.* Milano: Mondadori, 2002.

BRONDINO, G.; MARASCA, M. *La vita affettiva dei consacrati.* Fossano (CN): Editrice Esperienze, 2002.

BROUNSTEIN, M. *Come gestire i dipendenti difficili. Una guida pratica per i capi.* Milano: Angeli, 1997.

BRYSON, L. (ed.). *The Communication of Ideas.* New York: Harper, 1948.

BUBER, M. *Mosè*. Casale Monferrato (AL): Marietti, 1983.

BURREL, G.; MORGAN, G. *Sociological Paradigms and Organizational Analysis*. London: Heinemann, 1979.

CAMUFFO, A. *Management delle risorse umane*. Torino: Giappichelli, 1993.

CIAN, L. *La relazione d'aiuto*. Leumann (TO): Elle Di Ci, 1994.

CIOTTI, F.; RONCAGLIA, G. *Il mondo digitale*. Bari: Laterza, 2000.

CLARKE, J. I. *Manuale del leader*. Milano: Gribaudi, 2001.

COLASANTI, A. R.; MASTROMARINO, R. *Ascolto attivo*. Roma: Ifrep, 1994.

COMODO, V. Cons@crati on-line. *Vita Consacrata* 3 (2002) 305-318.

_____. Cons@crati on-line. La comunicazione interna in digitale. *Vita Consacrata* 4 (2002) 418-431.

_____; POLI, G. F. *Cliccate e vi sarà @perto*. Cantalupa (TO): Effatà, 2002.

CONGREGAÇÃO para os Institutos de Vida Consagrada e as Sociedades de Vida Apostólica. *A vida fraterna em comunidade*. São Paulo: Paulinas, 1994. (Coleção A voz do papa, n. 135.)

_____. *Partir de Cristo. Um renovado compromisso da vida consagrada no terceiro milênio*. São Paulo: Paulinas, 2002. (Coleção Documentos da Igreja, n. 9.)

CONLOW, R. *L'eccellenza nella supervisione. Le competenze essenziali per il capo di oggi*. Milano: Angeli, 2002.

COOLEY, C. H. *L'organizzazione sociale*. Milano: Comunità, 1963.

COSTACURTA, B. *Abramo*. Vibo Valentia: Qualecultura, 2001.

CREA, G. Benessere comunitario e comunicazione. *Testimoni* 4 (2003) 10-13.

_____. *I conflitti interpersonali nelle comunità e nei gruppi*. Bologna: Edizioni Dehoniane, 2001.

_____. *Stress e burnout negli operatori pastorali*. Bologna: Editrice Missionaria Italiana, 1994.

CUSINATO, M. *Psicologia delle relazioni familiari*. Bologna: Il Mulino, 1988.

DALL'OSTO, A. Cinque momenti impotanti. *Testimoni* 5 (2003) 10-12.

DAMASCELLI, N. *Comunicazione e management*. Milano: Angeli, 1993.

DE MARTINO, E. *Sud e magia*. Milano: Feltrinelli, 1968.

DE NITTO, C. Responsabilità comunitaria e narcisismo nel processo di globalizzazione. *Psicologia, Psicoterapia e Salute* 8 (2002) 139-147.

DI PIERO, M.; RAMPAZZO, L. *Lo stress dell'insegnante.* Trento: Erikson, 2000.

DI RACO, A. *L'impresa simbolica. Attori e riti della comunicazione.* Milano: Sperling & Kupfer, 1997.

_____; SANTORO, G. M. *Il manuale della comunicazione interna.* Milano: Guerini & Associati, 1996.

DOMANIN, I.; PORRO, S. *Il Web sia con voi.* Milano: Mondadori, 2001.

ECO, U. *Apocalittici e integrati.* Milano: Bompiani 1997.

EDELMAN, R. J. *Conflitti interpersonali nel lavoro.* Erikson: Trento, 1996.

EILERS, R. J. *Comunicare nella comunità.* Leumann (TO): Elle Di Ci, 1997.

ETZIONI, A. *Sociologia dell'organizzazione.* Bologna: Il Mulino, 1967.

FERRAROTTI, F. *Manuale di sociologia.* Bari: Biblioteca Universale Laterza, 1988

_____. *Trattato di sociologia.* Torino: Utet, 1983.

FIEDLER, F. E. *A Theory of Leadership Effectiveness.* New York: McGraw-Hill, 1967.

FORGAS, J. *Comportamento interpersonale. La psicologia dell'interazione sociale.* Roma: Armando Editore, 1989.

FRANCESCATO, D. *Stare meglio insieme.* Milano: Mondadori, 1995.

FRANTA, H. *Atteggiamenti dell'educatore.* Roma: LAS, 1988.

_____. *Relazioni sociali nella scuola. Promozione di un clima umano positivo.* Torino: SEI, 1985.

_____; SALONIA, G. *Comunicazione interpersonale.* Roma: LAS, 1986.

GADAMER, G. H. *Verità e metodo.* Milano: Fabbri, 1983.

GALIMBERTI, U. *Dizionario di psicologia.* Torino: Utet, 1983.

GERGEN, K. J.; GERGEN, M. M. *Psicologia sociale.* Bologna: Il Mulino, 1990.

GIORDANI, B. *La donna nella vita religiosa.* Milano: Àncora, 1993.

_____. *La relazioni di aiuto.* Roma: La Scuola Editrice, 1978.

GOLEMAN, D.; BOYATZIS, E.; McKEE, A. *Essere leader.* Milano: Rizzoli, 2002.

_____; KAUFMAN, P.; MICHAEL, R. *Lo spirito creativo.* Milano: RCS, 1999.

GONZÁLEZ SILVA, S. *Star bene nella comunità.* Milano: Àncora, 2002.

GORDON, G.; CUMMINGS, W. *Managing Management Climate.* Lexington: Lexington Books, 1979.

GORDON, T. *Leader efficaci*. Molfetta (BA): Edizioni Meridiana, 1999.

GRANDORI, A. *Teorie dell'organizzazione*. Milano: Giuffrè, 1984.

GRUN, A.; SARTORIUS, G. *A onore del cielo come segno per la terra, la maturità umana nella vita religiosa*. Brescia: Queriniana, 1999.

GUSDORF, G. *Filosofia del linguaggio*. Roma: Città Nuova, 1970.

HABERMAS, J. *Il discorso filosofico della modernità*. Bari: Laterza, 1987.

HOLLANDER, E. P.; JULIAN, J. W. Studies in leader legitimacy, influence, and innovation. In: BERKOVITZ (ed.). *Advances in Experimental Social Psychology*. New York: Academic Press, 1970. v. 5.

HOMANS, G. C. *The Human Group*. New York: Harcourt Brace Javonovich, 1950.

HOUGH, M. *Abilità di counseling*. Trento: Erikson, 1999.

INTONTI, P. *L'arte dell'individual coaching*. Milano: Angeli, 2000.

JACOBSON, L. F.; ROSENTHAL, R. *Pigmalione in classe*. Milano: Angeli, 1992.

JACOBSON, R. *Saggi di linguistica generale*. Milano: Feltrinelli, 1966.

JANIS, I. L.; MANN, L. *Decision Making. A Psychological Analysis of Conflict, Choice, and Commitment*. New York: The Free Press, 1977.

KAZMIERSKI, C. R. *Giovanni il Battista profeta ed evangelista*. Cinisello Balsamo (MI): San Paolo, 1999.

KILIAN, R. *Il sacrificio di Isacco*. Brescia: Paidea, 1976.

KOTLER, P.; SCOTT, W. G. *Marketing management*. Torino: Isedi, 1993.

KOTTER, J. P. *I leader;* chi sono e come lavorano gli uomini che sanno cambiare le aziende. Milano: Il Sole 24 Ore, 1999.

_____. *Il fattore leadership*. Milano: Sperling & Kupfer, 1989.

_____. *The Leadership Factor*. New York: Free Press, 1988.

LEWIN, K.; LIPPITT, R.; WHITE, R. Patterns of aggressive behavior in experimentally created "social climates". *Journal of Social Psychology* 10 (1939) 271-299.

LICHERI, L. *Obbedienza, autorità e volontà di Dio. Dalla sottomissione alla responsabilità creativa*. Milano: Paoline, 1999.

LONG, K. *Empowerment*. Milano: McGraw-Hill Italia, 1996.

LOOS, W. *Coaching per manager*. Milano: Angeli, 1991.

MALIZIA, P. *La costruzione sociale dell'organizzazione. Natura e struttura delle organizzazioni complesse*. Milano: Guerini & Associati, 1998.

MANENTI, A. *Vivere insieme.* Bologna: Edizioni Dehoniane, 1991.

MARTINI, C. M. *Abramo nostro padre della fede.* Roma: Borla, 2000.

McGILL, M. E.; SLOCUM, J. W. *The Smarter Organization.* New York: John Wiley, 1994.

MEAD, G. H. *Mind, Self and Society.* Chicago: The University of Chicago Press, 1966.

MELUCCI, A. (org.). *Fine della modernità?* Milano: Guerini & Associati, 1998.

MEHRABIAN, A. (org.). *Non-Verbal Communication.* Chicago: Aldine, 1972.

MESTERS, C. *Abramo e Sara.* Assisi (PG): Citadella, 1984. [Ed. bras.: *Abraão e Sara.* Petrópolis: Vozes, 1978.]

MONGARDINI, C.; MANISCALCO, M. (org.). *Moderno e postmoderno.* Roma: Bulzoni, 1989.

MUCCHIELLI, R. *Apprendere in counseling.* Trento: Erikson, 1987.

_____. *Come condurre le riunioni.* Leumann (TO): Elle Di Ci, 1986.

_____. *Communication et réseaux de communication.* Paris: Librairies Techniques, 1971.

_____. *La dinamica di gruppo.* Leumann (TO): Elle Di Ci, 1980.

MYERS, E.; MYERS, M. T. *Les bases de la communication humaine.* Montréal: Chenelière, 1990.

NICO, P. *Convincimi! Pratiche di leadership per il miglioramento delle relazioni interpersonali.* Milano: Angeli, 2002.

_____. *Una squadra con la voglia di vincere.* Milano: Angeli, 2002.

NOUWEN, H. J. M. *Nel nome di Gesù. Riflessioni sulla leadership cristiana.* Brescia: Queriniana, 1990.

PANIMOLLE, S. (org.). *La fede nella Bibbia.* Roma: Borla, 1998.

PEARLS, F. *L'approccio della Gestalt.* Roma: Astrolabio, 1977.

PERRONE, V. *Le strutture organizzative d'impresa.* Milano: Egea, 1990.

PINKUS, L. *Autorealizzazione e disadattamento nella vita religiosa.* Roma: Borla, 1991.

POKRAS, S. *Come affrontare e risolvere i vostri problemi. Metodi razionali per l'analisi sistematica dei problemi e l'assunzione di decisioni.* Milano: Angeli, 2001.

POLI, G. F. *Osare la svolta. Collaborazione tra religiosi e laici al servizio del Regno.* Milano: Àncora, 2000.

_____; COMODO, V. *Percorsi di teologia.* Milano: Àncora, 2001.

_____; CREA, G.; COMODO, V. *O desafio da organização nas comunidades religiosas*. São Paulo: Paulinas, 2008.

POPPI, A. *L'inizio del vangelo. Predicazione del Battista, battesimo e tentazione di Gesù*. Padova: Messaggero, 1976.

PRONZATO, A. *Tu hai solo parole... Incontri con Gesù nei vangeli*. Milano: Gribaudi, 1993.

QUAGLINO, G. P. (org.). *Leadership. Nuovi profili di leader per nuovi scenari organizzativi*. Milano: Raffaello Cortina, 1999.

QUINTAVALLE, G., *La comunicazione intrapsichica*. Milano: Feltrinelli, 1978.

RULLA, L. *Psicologia del profondo e vocazione. Le istituzioni*. Torino: Marietti, 1976.

SANTORO, G. M. *La farfalla e l'uragano*. Milano: Guerini & Associati, 1993.

SCHEIN EDGAR, H. *Organizational Culture and Leadership*. San Francisco: Jossey-Bassa, 1985.

SCHIETROMA, S.; MASTROMARINO, R. Teorie e ricerche sulla leadership. *Psicologia, Psicoterapia e Salute* 7 (2001) 367-399.

SCILLIGO, P. *Dinamica di gruppo*. Torino: SEI, 1973.

_____. *Gruppi di incontro*. Roma: Ifrep, 1992.

SEGRE, A. *Mosè, nostro maestro*. Fossano (CN): Esperienze, 1975.

SHANNON, C. E.; WEAVER, W. *The Mathematical Theory of Communication*. Urbana-Champaign (IL): University of Illinois Press, 1949.

SICARI, A. *Chiamati per nome. La vocazione nella Scrittura*. Milano: Jaca Book, 1979.

SMELSER, N. *Manuale di sociologia*. Bologna: Il Mulino, 1987.

STATERA, G. *Metodologia e tecniche della ricerca sociale*. Palermo: Palumbo, 1989.

TACCONI, G. *Alla ricerca di nuove identità*. Leumann (TO): Elle Di Ci, 2001.

TENTORI, T. (org.). *Antropologia delle società complesse*. Roma: Armando Editore, 1990.

TETTAMANZI, D. *Giovanni il Battista. L'uomo dell'annuncio, della conversione e della testimonianza*. Casale Monferrato (AL): Portalupi, 2000.

THOMPSON, J. D. *Organizations in Action*. New York: McGraw-Hill, 1967.

TICHY, N. M.; DEVANNA, M. A. *Il leader trasformazionale*. Padova: Cedam, 1989.

TRENTINI, G. *Oltre il potere. Discorso sulla leadership*. Milano: Angeli, 1997.

VANZAN, P.; VOLPI, F. (orgs.). *Oltre la porta. I consacrati e le emergenze del nuovo millennio.* Roma: Il Calamo, 2002.

VOGELS, W. *Mosè dai molteplici volti.* Roma: Borla, 1999.

VV.AA. *Chiesa in rete. Internet;* risorsa o pericolo? Assisi (PG): Cittadella, 2000.

VV.AA. *Gaining Control of the Corporate Cultura.* San Francisco: Jossey-Bass, 1985.

VV.AA. *Manuale di organizzazione.* Milano: Isedi, 1983.

WATZLAWICK, P.; BEAVIN, H. J.; JACKSON, D. D. *Pragmatica della comunicazione.* Roma: Astrolabio, 1971.

ZANI, B.; SELLERI, P.; DOLORES, D. *La comunicazione.* Roma: NIS, 1994.

ZINGALE, S. *Nicodemo. Rinascere dallo Spirito.* Roma: Rogate, 2001.

Impresso na gráfica da
Pia Sociedade Filhas de São Paulo
Via Raposo Tavares, km 19,145
05577-300 - São Paulo, SP - Brasil - 2009